一句话感悟

张作理 著

国家行政学院出版社

《思想是开山斧》序一

张作理同志是一位从农村，从工厂，从大学，从基层走出来的干部。

在人生中，阅历丰富是难得的财富。阅历与思考结合起来，就容易积累智慧。

《思想是开山斧》中的很多观点是科学的，符合辩证唯物主义和历史唯物主义。读一读很有益。有些个别的观点，还需要商榷，还需要时间和实践进一步检验。

百花齐放，百家争鸣是我们党一贯的优良传统。这个小册子，有资格成为百花中的一族，希望在争鸣中不断完美。

陈建国

2008 年 1 月

---

* 作者系原中共宁夏回族自治区党委书记

《思想是开山斧》序二

《思想是开山斧》一书从内容到体例都有独到之处，思想性很强，且便于阅读，特别是有助于给读者更多的思考、论证空间，甚至有举一反三的收获。作理同志在工作中的创新精神与其思想基础、理论基础和实践阅历密切相关。各级干部在学习和实践中勤于思考，把感性认识及时提升到理性认识是一种很好的习惯，孔子讲："学而不思则罔，思而不学则殆"，我们也可以再补一句，"行而不思则浮沌"，所以勤于思考、勤于积累思想观点，与事业有利、与他人有利、与己有利。书中的大多数观点很精炼，有警句之功效，有少数观点尚需切磋，有的表达形式还可以再精炼。但我相信这本书是有生命力的。因为一切思想性的东西可以跨时空。

王正伟

2009 年 6 月

* 作者系宁夏回族自治区人民政府主席

序三

张作理同志当过农民、民办教师、农民工、车工、会计、经理、镇长、副县长、县委副书记、县委书记、地级市副市长、常务副市长、市长、全国人大代表……一步一步都不容易，一步步又都使他的哲学、政治经济学，乃至心理学思维不断拓展与升华，新的思想又让他为老百姓干好事有了更大的自由。

他重视学习科学发展观，认为“价值观是理性行为的灯塔”。

生命在于运动还是在于宁静，人们不知争论了多久。作理说：“生命在于平衡”，这可能是他对中央关于要求要平稳较快发展的一种理解。

执政为民，就要加快民主法制建设。作理提出“民主的首要问题是权力来源问题”，“人身依附关系越淡化，社会越进步。”一语破的。

他鼓励人们不怕艰险，勇于改革，说“好的都是难的”、“要防止用实事求是的观念掩盖落后”，提倡“体验困苦，巩固善良”。

他主张激情与智慧有机结合，说“情商是生产关系，智商是生产力”“中庸即适度”，但“静态的中庸是不存在的”。

他认为，做人和当官，应大公无私，“要做被骂的人，不做骂人的人”“做事要猛，对人要慈”，不搞小圈子，不小心眼儿；要善于和敢于当机立断；“当十分有把握时，就已经失去机遇”……

事物都是辩证统一的。如中国走和平发展道路，又通过自己的发展更有力地维护和平。又如，我理解，自由是做法律所允许做的事情的权利，创新是做科学所允许做的事情的自由。

可见，有权不为不行，有自由不科学也不行。以史为鉴，包括以自己的阅历为鉴，国家和社会、集体和个人都一样，是为了现在和未来。从我国国情看，我们付出了历史性的代价才懂得了发展是硬道理、实践是检验真理的过程和标准、应以现代化建设为中心和谐发展等最简朴的理念，这些理念会科学地指导、规范我们的工作……

读一读这本文字短、新意多的书，有助于在劳作和思考中享有更大自由，从而可能给群众创造更多实惠。书中某些结论会引发辩争，这是本书值得一读的另一个理由：事理越辩越明，用行动和实效去验证则更好。

自强不息的要素是：思想不止，行动不止，思想与行动良性互动。

李肇星

2010年10月1日

* 作者系前外交部长、十一届全国人大常委、全国人大外事委员会主任委员

前　言

《一句话感悟》是在2008年7月《思想是开山斧》、2009年8月《思想是开山斧》增订版、2011年2月《一句话的感与悟》的基础上，对目录、内容做了较大调整，有删减、修正和补充。书的所有内容来自我的《思想火花手记》和公开发表的文稿及各种会议、讲座班上的讲稿，均为自己所感所悟。该版修订完成于法国的巴黎、第戎、里昂，德国的柏林、不莱梅，意大利的那不勒斯、罗马。

我的思维纺车已形成了惯性，我坚信将会纺出更满意的丝线。同时，我的《史斋采金》《悟哲秉灯》《执政郡县》《诗载心飞》也将结集付梓。我崇尚并践行百家争鸣，请读者斧正。

张作理

目　录

一、企业在潜移默化地改造着社会

人心管理、技术研发、关键制造是企业的核心竞争力。

▶ 2001年秋在山东省委党校为东营市企业干部培训

企业要开发员工、开发产品、开发装备、开发市场。

▶ 2001年秋在山东省委党校为东营市企业干部培训

独、优、廉、变是产品的生命周期。

▶ 2001年秋在山东省委党校为东营市企业干部培训

开发新产品一靠市场拉，二靠技术推。

▶ 2001年秋在山东省委党校为东营市企业干部培训

细分细划，市场变大。

▶ 1997年春在山东大学为鲁花集团培训

市场拉动表现为以销定产，技术推动表现为以产促销。

▶ 1998 年秋在山东大学为临沂真情集团培训

靠市场拉动的企业永远不会领先社会。

▶ 2001 年秋在山东省委党校为东营市企业干部培训

技术创新可以创造需求。

▶ 2001 年秋在山东省委党校为东营市企业干部培训

政府反垄断，但企业必须创造垄断。

▶ 2001 年秋在山东省委党校一年制中青班为东营市企业干部培训

不断地创造垄断，才能不断地拥有垄断利润。

▶ 1997 年春在山东大学为鲁花集团培训

要用技术创造垄断资本。

▶ 2001 年秋在山东省委党校一年制中青班为东营市企业干部培训

技术是企业的生命核，资金是企业的营养源。

▶ 2000 年冬在山东省决策咨询中心为莱阳经委培训

产品的附加值与员工的工资成正比。

▶ 2001 年秋在山东省委党校一年制中青班为东营市企业干部培训

战略投入才有战略产出。

▶ 1997年春在山东大学为鲁花集团培训

集中优势资金才能从技术上打质量战。

▶ 2003年2月在广饶县委谈企业技术改造

保护技术才能保护产业。

▶ 1997年春在山东大学为鲁花集团培训

技术可持续才能产业可持续。

▶ 1997年春在山东大学为鲁花集团培训

产品功能定位要首先分析消费群体及其购买力。

▶ 1998年秋在山东大学为临沂真情集团培训

要引导消费观念,培育消费群体,适应购买能力。

▶ 2001年秋在山东省委党校一年制中青班为东营市企业干部培训

企业既要经营员工,又要经营消费群体。

▶ 1996年秋在山东省决策咨询中心为烟台企业经理学习班培训

寻找市场缝隙是开拓市场的捷径。

▶ 1999年秋在山东大学谈营销

观念是消费的先导。

▶ 1988 年春在山东省委党校二年制研究生班对企业产品创新的思考

产、供、销永远是矛盾的。

▶ 1987 年 2 月在莱西县孙受乡党委为企业培训

产品是闺女、营销是媒婆。

▶ 2001 年秋在山东省委党校为东营市企业干部培训

现代企业要先做品牌后做产业。

▶ 2007 年 6 月在吴忠市政府谈现代企业的特点

品牌一要造，二要唱。

▶ 1988 年春在山东省委党校二年制研究生班对企业市场营销的思考

品牌是企业的根。

▶ 1988 年春在山东省委党校二年制研究生班谈企业管理

质量是品牌的命。

▶ 1988 年春在山东省委党校二年制研究生班谈企业管理

购买力是消费者的后盾。

▶ 1999 年秋在山东大学谈企业营销

让顾客一见钟情是成功的先兆。

▶ 1999 年秋在山东大学谈企业营销

满足其急需的服务是百发百中的公关。

▶ 1999 年秋在山东大学谈企业营销

求廉求便是消费者永恒的欲念。

▶ 1988 年春在山东省委党校二年制研究生班对企业产品创新的思考

做大基数比利润率更重要。

▶ 2000 年夏在山东省决策咨询中心对企业、军队和政党现象的分析

品牌既要有质更要有量。

▶ 2003 年 8 月在广饶县委谈市场份额的可持续价值

规模是重要的势力。

▶ 2003 年 8 月在广饶县委谈市场份额的可持续价值

做大规模是硬能力、真本实。

▶ 2003 年 8 月在广饶县委谈市场份额的可持续价值

市场像战场，宜占不宜攻。

▶ 1997 年春在山东大学为烟台企业经理培训班培训

市场份额与名牌成正比。

▶ 1998 年秋在山东大学为临沂真情集团培训

市场份额是企业的无形资产。

▶ 1998 年秋在山东大学为临沂真情集团培训

市场份额与无形资产成正比。

▶ 1997 年春在山东大学为鲁花集团培训

市场份额不占优势的产品不属于名牌。

▶ 2003 年 8 月在广饶县委谈市场份额的可持续价值

市场份额是最有说服力的品牌。

▶ 2003 年 8 月在广饶县委谈市场份额的可持续价值

理性的顾客更关心产品的数据。

▶ 1988 年春在山东省委党校二年制研究生班对企业营销的思考

顾客的嘴是最好的广告平台。

▶ 1988 年春在山东省委党校二年制研究生班对企业营销的思考

把广告做到大众的嘴上最经济、最有效、最有传播力。

▶ 1988 年春在山东省委党校二年制研究生班对企业营销的思考

体验性广告更有感染力和传播力。

▶ 1988年春在山东省委党校二年制研究生班对企业营销的思考

超值服务感动人心。

▶ 1997年春在山东大学谈海尔集团的服务客户战略

好感是一个复合指数。

▶ 1988年春在山东省委党校二年制研究生班对企业营销的思考

坏感往往是一锤子的结果。

▶ 1988年春在山东省委党校二年制研究生班对企业营销的思考

营销网络是企业的第二生命线。

▶ 1988年春在山东省委党校二年制研究生班谈企业管理

成功的营销要有利于品牌塑造和升华,有利于网络拓展与巩固,有利于人才培养和积聚。

▶ 1999年秋在山东大学谈营销体系建设

质量既是品牌的根,又是营销网络的魂,魂飞体必灭。

▶ 1999年秋在山东大学谈营销体系建设

营销是吸,推销是求。

▶ 1999年秋在山东大学谈传播的意义

营销打文化牌最时髦，打公益牌最光彩。

▶ 1999年秋在山东大学谈传播的意义

用姓名做字号有益于规范创业行为，积淀品牌。

▶ 1997年春在山东大学为鲁花集团培训

企业广告要把握好刺激力度和重复密度。

▶ 1999年秋在山东大学谈广告

广告要卖理由，树观念，讲参数。

▶ 1999年秋在山东大学谈广告

广告语一要简约二要形象。

▶ 1988年春在山东省委党校二年制研究生班对企业营销的思考

面向大众消费的广告要善用比喻。

▶ 1988年春在山东省委党校二年制研究生班对企业营销的思考

重工业广告要把破坏性试验广而告之。

▶ 2000年冬在山东大学对山东工程机械公司广告的建议

安全、廉价、身份是广告的卖点。

▶ 2000年冬在山东大学对山东工程机械公司广告的建议

企业和企业家形象更能打动人。

▶ 1999 年秋在山东大学谈企业营销

质量从设计开始。

▶ 1997 年春在山东大学为鲁花集团培训

品牌从一做起。

▶ 1997 年春在山东大学为鲁花集团培训

特色就是鲜亮的招牌。

▶ 2006 年冬在平罗县委谈品牌

凡是畅销的产品都是功能、价格、质量、文化之兼顾。

▶ 1998 年秋在山东大学为临沂真情集团培训

品牌是使用价值与文化的铸合。

▶ 2001 年秋在山东省委党校一年制中青班为东营市企业干部培训

品牌的吸引力主要来自安全感和社会价值。

▶ 2003 年 4 月在广饶县委对品牌功能的思考

品牌是天罗地网。

▶ 1996 年秋在山东省决策咨询中心为河北中捷集团培训

品牌猛于虎。

▶ 1996年秋在山东省决策咨询中心为河北中捷集团培训

品牌可以诱导从众。

▶ 1996年秋在山东省决策咨询中心为河北中捷集团培训

品牌的超利润价值来自其文化或精神功能。

▶ 1996年秋在山东省决策咨询中心为河北中捷集团培训

品牌因为吸人而吸金。

▶ 1996年秋在山东省决策咨询中心为河北中捷集团培训

社会价值高于使用价值是推动品牌超值的原因。

▶ 1996年秋在山东省决策咨询中心为河北中捷集团培训

有美名才有可持续的财富。

▶ 2003年3月在广饶县委谈海尔集团砸掉次品冰箱、清朝药商烧掉劣质中草药原料

美誉是一笔可靠的随时都可以变现的资产。

▶ 1999年秋在山东大学对企业文化建设的思考

无形资产的仓库是消费者的心。

▶ 1996年秋在山东省决策咨询中心为河北中捷集团培训

无形资产最持久。

▶ 2006年9月在平罗县委干部大会上的讲话

信誉是积淀的产物。

▶ 2006年8月在石嘴山市政府谈企业信誉

专业性会展是拓展市场的捷径。

▶ 2002年6月在山东省委政研室赴宁波考察对会展经济的思考

专业会展是衡量企业技术水准的座标。

▶ 2002年6月在山东省委政研室赴宁波考察对会展经济的思考

经营是开源，管理是节流。

▶ 1997年春在山东大学为烟台企业经理培训班培训

开源节流，要以开为本。

▶ 1999年秋在山东大学谈管理重心

经营是战略，管理是战术。

▶ 2001年秋在山东省委党校一年制中青班为东营市企业干部培训

战略是大利，战术是小利。

▶ 2001年秋在山东省委党校一年制中青班为东营市企业干部培训

靠战略快速膨胀，靠战术稳健增长。

▶ 2001年秋在山东省委党校一年制中青班为东营市企业干部培训

资源与资本的转换只是观念之差。

▶ 1997年8月在山东大学为临沂真情集团培训

流通才能增值。

▶ 2006年冬在平罗县委谈流通对企业的意义

流动性和竞争性是市场机制的灵魂。

▶ 2001年秋在山东省委党校一年制中青班谈流通对企业的意义

适度的负债是重要的借力。

▶ 1999年秋在山东大学谈善用社会资源

负债是利用资源。

▶ 1999年秋在山东大学谈善用社会资源

靠软科学和软实力竞争，更经济更容易成功。

▶ 1999年秋在山东大学谈企业竞争

经营企业首先要经营人。

▶ 1996年春在山东省委政研室谈企业管理

尊重人的企业才是可持续的企业。

▶ 2000年春在山东大学对海尔集团的思考

人才、产品、品牌是百年企业的三条根。

▶ 2000年2月在山东大学为企业培训

骨干参股是留人留心的金手铐。

▶ 2002年6月在山东省委政研室为企业培训

最高效的投入是设备。

▶ 1988年10月在山东省委党校二年制研究生班谈硬技术的作用

最持久的投入是人才。

▶ 1988年10月在山东省委党校二年制研究生班谈培养人才

体制机制改变不了人的素质。

▶ 1988年10月在山东省委党校二年制研究生班谈培养人才

经营员工素质是积德的企业家。

▶ 1988年10月在山东省委党校二年制研究生班谈培养人才

给员工以技能比工资更重要。

▶ 1988年10月在山东省委党校二年制研究生班谈培养人才

让员工感到干得值、割之痛、失之惜。

▶ 1999年秋在山东大学谈待遇留人

让员工有盼头、有甜头、有干头。

▶ 1999年秋在山东大学谈激励

微观政策要切实、切身、切痛。

▶ 1996年秋在山东省决策咨询中心为全省企业经理班培训

管理团队要用人性化化人心，用军事化化作风。

▶ 1999年秋在山东大学谈激励

人的本能是老虎，理智是城墙。

▶ 1988年春在山东省委党校二年制研究生班谈企业管理

要经常加固员工的理智城墙。

▶ 1988年春在山东省委党校二年制研究生班谈企业管理

存是展的前提，展是存的保障。

▶ 2004年春在广饶县委为东营市国税局干部培训

巩固与扩张交替，才有持久的生命力。

▶ 2004年春在广饶县委为东营市国税局干部培训

现代的资本构成应该是无形资产大于有形资产。

▶ 1996 年秋于山东大学读《资本论》时的联想

现代企业的有机资本不仅是不变资本与可变资本之比，还包括脑力劳动与体力劳动之比。

▶ 1997 年春在山东大学读马克思的资本论有感

企业要多用机器少用人。

▶ 1988 年春在山东省委党校二年制研究生班谈企业管理

减人增机是现代管理的大趋势。

▶ 1988 年春在山东省委党校二年制研究生班谈企业管理

用技术装备增效是最高效的管理。

▶ 1988 年春在山东省委党校二年制研究生班谈企业管理

要用环境诱导人的行为。

▶ 1988 年春在山东省委党校二年制研究生班谈企业管理

环境文雅，言行彬彬。

▶ 1999 年秋在山东大学谈企业管理要用环境影响人

环境柔和，人际和谐。

▶ 1999 年秋在山东大学谈企业管理要用环境影响人

环境舒适,心灵手巧。

▶ 1999年秋在山东大学谈要重视操作车间的环境

轻音乐可以柔化人的情绪。

▶ 1999年秋在山东大学谈人群汇聚的地方要有轻音乐流淌

豪迈的鼓乐有助于冲锋陷阵。

▶ 1999年秋在山东大学谈要重视操作车间的环境

生产场、生活场、外力场是管理者的三大舞台。

▶ 1985年春在莱西县委组织部谈管理场

生产场、生活场、外力场,管理要因场而宜。

▶ 1985年春在莱西县委组织部谈管理场

生产场要严格管理,生活场要柔和统御。

▶ 1987年10月在莱西县委组织部对领导行为的思考

管理者、管理对象、管理环境是管理的三大变量。

▶ 1999年秋在山东大学谈管理三要素

道理、利益、感化、强制是统治的利器。

▶ 1990年8月在山东莱西县城关镇政府谈统治

硬功夫必须靠硬制度。

▶ 2006 年秋在平罗县委考察企业有感

步入疆场无谈自由。

▶ 1997 年春在山东大学谈管理场

坚持严细恒，管理必有成。

▶ 1988 年春在山东省委党校二年制研究生班谈管理定律

权力制约权力是最可靠的管理保全。

▶ 1999 年秋在山东大学认为制约也是管理

规章制度的生命在于合理、严格、细化。

▶ 1999 年秋在山东大学对制度生命的思考

威望要持久，必须靠亲情。

▶ 1988 年春在山东省委党校二年制研究生班谈管理定律

薄弱环节是失败缝隙。

▶ 1988 年春在山东省委党校二年制研究生班谈管理定律

操作规程是从生命和鲜血中提炼出来的。

▶ 1988 年春在山东省委党校二年制研究生班谈管理定律

既要硬规范又要软激励。

▶ 1997 年春在山东大学为烟台企业经理培训班培训

薪酬要兼顾管理责任和一线岗位两个权重，逆向递增。

▶ 1995 年 8 月在山东省委办公厅主持事业单位工资改革的思考

低工资高福利有助于培养团队精神。

▶ 1988 年秋在山东省委党校二年制研究生班对企业福利的思考

高工资低福利不利于培育归属感。

▶ 1988 年秋于山东省委党校二年制研究生班对企业福利的思考

团队福利容易打动人心。

▶ 1988 年秋在山东省委党校二年制研究生班对企业福利的思考

工资的结构越细化其作用力越强大。

▶ 1988 年秋在山东省委党校二年制研究生班对企业福利的思考

领导就是定方向。

▶ 1997 年春在山东大学为鲁花集团培训

管理就是算账。

▶ 1997 年春在山东大学为鲁花集团培训

目标牵引，奖励推动，惩罚止退。

▶ 1997 年春在山东大学为鲁花集团培训

财务要核算、使用、审计三权制约。

▶ 1998 年秋在山东大学为临沂真情集团培训

控制成本是节流的主渠道。

▶ 1998 年秋在山东大学为临沂真情集团培训

节耗要从成本结构入手。

▶ 1998 年秋在山东大学为临沂真情集团培训

质量在于细。

▶ 1997 年秋于山东大学为全省企业经理班培训

经营者的着力点是目标与结果。

▶ 2001 年春在山东省委党校一年制中青班谈经营与管理

管理者的着力点是过程与环节。

▶ 2001 年春在山东省委党校一年制中青班谈经营与管理

谈判一要算数字，二要算心理。

▶ 1998 年秋在山东大学为临沂真情集团培训

争辩是谈判之大忌。

▶ 1999年秋在山东大学谈交流与谈判

行家里手才会成为谈判的高手。

▶ 2008年3在北京对谈判艺术的思考

优秀的企业都是优秀的文化组织。

▶ 2000年春在山东大学为企业培训

企业文化是对军队文化的移植和提升。

▶ 2000年秋在山东省决策咨询中心为企业培训

企业文化要从企业诞生之时抓起。

▶ 1995年春在山东省委办公厅对企业文化建设的思考

经营信誉是企业可持续的纲。

▶ 1995年春在山东省委办公厅对企业文化建设的思考

没有认同感的管理必然是高成本的管理。

▶ 1996年秋在山东省决策咨询中心为河北中捷集团培训

典型是最直观的企业文化和民族精神。

▶ 1996年秋在山东省决策咨询中心为河北中捷集团培训

核心警句既要号令员工，又要感动社会。

▶ 2000 年秋在山东省决策咨询中心为企业培训

企业文化的目的是促进上下同欲。

▶ 1995 年春在山东省委办公厅对企业文化建设的思考

团队越大越需要文化管理。

▶ 1995 年春在山东省委办公厅对企业文化建设的思考

持之以恒才能形成文化力。

▶ 1999 年秋在山东大学谈文化管理

习惯需要长期的定势。

▶ 1995 年春在山东省委办公厅谈军人作风与企业文化的关系

优秀的习惯就是优秀的文化。

▶ 1995 年春在山东省委办公厅对企业文化建设的思考

风格是内化了的文化。

▶ 1999 年秋在山东大学谈文化与管理

军队是职业精神最强的团队。

▶ 2006 年秋在平罗县委谈人民军队的精神

军队是效率最高的组织。

▶ 2006年秋在平罗县委谈人民军队的精神

军队用集体行为净化心灵。

▶ 2006年秋在平罗县委谈人民军队的精神

军队用环境、思想、纪律管理人。

▶ 2006年秋在平罗县委谈人民军队的精神

军队是科研的第一方阵。

▶ 2006年秋在平罗县委谈人民军队的精神

军队是政治家、企业家的摇篮。

▶ 2006年秋在平罗县委谈人民军队的精神

最优秀的团队文化是军队文化。

▶ 2006年秋在平罗县委谈人民军队的精神

企业家、军事家、政治家同根。

▶ 2006年秋在平罗县委谈人民军队的精神

微笑是服务业的神韵。

▶ 1988年春在山东省委党校二年制研究生班为润华世纪集团培训

专业化有助于提高技能、降低成本、积淀品牌。

▶ 2001 年秋在山东省委党校一年制中青班为东营市企业干部培训

标准化才能规模化。

▶ 2003 年 4 月在广饶县委谈企业标准化

发展产业链可降低上下游原料和产品的运输成本。

▶ 2006 年 3 月在平罗县委谈循环经济意义

产业链延伸与产品的附加值成正比。

▶ 2006 年 3 月在平罗县委谈循环经济意义

专业化是提升技术，做大规模的捷径。

▶ 2008 年 11 月在中央党校中青班谈企业发展战略

发展企业间的产业链是专业化、集群化最优的路径。

▶ 2000 年春在山东大学为企业培训

专业化、产业链、规模化是吸附人才的磁场。

▶ 2000 年春在山东大学为企业培训

《孙子兵法》的灵魂是速与奇。

▶ 1996 年冬在山东大学读《孙子兵法》有感

独特是最佳的竞争。

▶ 1997年春在山东大学为鲁花集团培训

可以在模仿中创新，不可在假冒中获利。

▶ 1997年春在山东大学为鲁花集团培训

军事精要，攻防两招。

▶ 2001年冬在山东省委党校一年制中青班读《孙子兵法》有感

企业是变相的军事组织。

▶ 1996年冬在山东省委政研室为河北省中捷集团培训

军队与企业同根。

▶ 2003年春在广饶县委给企业家发的短信

无论是政治组织和经济组织都需要解放军精神。

▶ 2003年春在广饶县委给企业家发的短信

企业要持久必须方阵对散兵。

▶ 1998年夏在山东大学为山东鲁花集团培训

利润最大化，企业做不大。

▶ 2003年冬在广饶县委谈企业战略

企业既要创货币利润，又要积声誉利润。

▶ 2003 年冬在广饶县委谈企业战略

多大的心胸做多大的企业。

▶ 2002 年 6 月在山东省决策咨询中心为企业培训

肥水不外流的企业不可能创造更多的肥水。

▶ 2001 年秋在山东省委党校一年制中青班为东营市企业干部培训

发展企业间的产业链才能实现专业化。

▶ 2001 年秋在山东省委党校一年制中青班为东营市企业干部培训

联盟才能把事业做大。

▶ 2001 年秋在山东省委党校一年制中青班为东营市企业干部培训

同盟者的结构对企业能否良性循环至关重要。

▶ 1997 年 8 月在山东大学为临沂真情集团培训

企业间就地形成产业链，产业成本最低。

▶ 1997 年 8 月在山东大学为临沂真情集团培训

同质的股本，股东的区域跨度越大其股本结构越优化。

▶ 2002 年 6 月在山东省决策咨询中心为企业培训

企业家精神是冒险和自强的精神。

▶ 2003年12月在广饶县政府对企业家的思考

通用化或标准化必须信息化。

▶ 2010年10月在石嘴山市为企业家俱乐部的培训

企业家是关键性生产力。

▶ 2000年1月在山东大学为山东行政学院培训

指点方向和整合资源是董事长的首责。

▶ 1996年秋在山东省决策咨询中心为烟台企业经理学习班的培训

产品的附加值与消费群的数量成反比。

▶ 1996年秋在山东省决策咨询中心为烟台企业经理学习班的培训

企业利益有时与政府利益相冲突。

▶ 2012年2月在石嘴山市政府谈企业的力量

企业要培育和巩固根据地。

▶ 1997年8月在山东大学为临沂真情集团培训

管理活动省功不省力。

▶ 2009年3月在石嘴山市政府谈管理要下细功夫

管理投入与管理产出成正比。

▶ 2009 年 3 月在石嘴山市政府谈管理是一种投入

没有前期的繁琐，就没有后期的简单。

▶ 1990 年冬在莱西县城关镇政府谈工作准备与结果的关系

既善于生财又乐于付出是企业家可持续的路。

▶ 2010 年 6 月在石嘴山市政府谈企业家要自我营造可持续的发展环境

企业家一半力量创财富，一半力量创声誉，互促互助。

▶ 2012 年 2 月在石嘴山市政府谈企业家

财散人心聚，财聚人心散。

▶ 1998 年秋在山东大学对民营企业工资制的思考

企业化是最好的专业化。

▶ 2010 年 3 月在石嘴山市政府与企业家座谈

经济是否繁荣取决于企业家群体的数量与质量。

▶ 2002 年 6 月在山东省委政研室发表在山东省组织部《组工通讯》

企业家的精力、财力投向哪个领域，哪个领域就兴旺。

▶ 2010 年 3 月在石嘴山市政府谈企业家的威力

公务员、企业家、产业军是推动地方发展的主力。

▶ 2007 年秋在石嘴山市政府谈发展主力

经济现代化必须企业化。

▶ 2012 年 1 月在石嘴山市政府谈企业的伟力

现代企业制度适应于广泛的组织。

▶ 2011 年 10 月在石嘴山市政府对现代企业制度的思考

大企业是经济领域的野战军，小企业是经济领域的游击队。

▶ 2011 年 10 月在石嘴山市政府对现代企业制度的思考

企业是世界一体化的先锋与纽带。

▶ 2012 年 2 月在石嘴山市政府谈企业的伟力

企业兴社会稳。

▶ 2012 年 2 月在石嘴山市政府谈企业的伟力

企业兴国民富。

▶ 2012 年 2 月在石嘴山市政府谈企业的伟力

二、创新是以优化为目标的再造

创新不难，加一加、减一减、高一高、偏一偏、展一展、弯一弯、倒一倒，换一换。

▶ 1998 年秋在山东大学为临沂真情集团培训

加法和减法都可改变或增加事物的功能。

▶ 2010 年 10 月在石嘴山市赴全国人大学习班在飞机上对餐具创新的思考

创新不神秘，类比、重组、移植。

▶ 1998 年秋在山东大学为临沂真情集团培训

结合就会产生新事物。

▶ 2006 年 3 月在平罗县委谈改革与发展的路径

改变结构是最简单的创新。

▶ 2000 年秋在山东省委政研室为企业培训培训

创新是从低到高，创造是从无到有。

▶ 2007年10月在石嘴山市政府谈创新

创新包括经验创新和实验创新。

▶ 2007年10月在石嘴山市政府谈创新

事物由盛到衰的规律造就着无处不在的创新机遇。

▶ 2001年秋在山东省委党校一年制中青班对机遇的思考

安全、方便、美观、利用自然、不断循环是创新的主线。

▶ 2001年8月在山东省委党校一年制中青班为企业培训

主动寻找缺点是创新的捷径。

▶ 1996年春在山东省决策咨询中心为润华世纪集团培训

画蛇添足是功能叠加。

▶ 1996年春在山东省决策咨询中心为润华世纪集团培训

空白点是创新的空间。

▶ 2004年秋在石嘴山市政府谈创新

独辟蹊径，做事易成。

▶ 1999年8月在山东大学对领导科学的思考

先行者往往路不平，但会减少同路竞争

▶ 2004 年 1 月在石嘴山市政府谈创新

变通即因变而通。

▶ 1987 年春在山东莱西县委组织部谈古典哲学的生命力

通无久，变无穷。

▶ 2007 年 8 月在吴忠市政府对否定之否定规律的思考

创造了需求和满足了需求都是成功的创新。

▶ 2007 年 10 月在石嘴山市政府谈创新

怀疑是产生新思维的路径。

▶ 1997 年春在山东省委政研室为企业培训

路有千千，思路第一。

▶ 1999 年秋在济南市谈思路对人类发展的重要性

思想无疆，办法无穷。

▶ 2006 年秋在平罗县谈思想禁锢对业绩的影响

困难是死的，方法是活的。

▶ 2006 年秋在平罗县谈思想禁锢对业绩的影响

艺术思维和逆向思维有助于创新。

▶ 2008 年 11 月在中央党校中青班谈艺术修养的意义

参照系是创新的诱发者。

▶ 2005 年 10 月在平罗县与干部谈话

经历对创新十分重要。

▶ 2005 年 10 月在平罗县与干部谈话

挫折是发明和修正的契机。

▶ 1997 年春在山东大学为滕州市干部培训

创造力与情商成正比。

▶ 2000 年秋在山东省委政研室为企业培训

创新和学问在揣摩之中。

▶ 1997 年春在山东大学为滕州市干部培训

有些创造需要闲情逸志。

▶ 2010 年 6 月在英国莎士比亚故居

需求细化，创新神化。

▶ 1999 年秋在山东大学谈创新

冷门是成事的捷径。

▶ 2004 年秋在石嘴山市政府谈创新

主动创新省功省力，被迫创新成本昂贵。

▶ 1996 年春在山东省决策咨询中心为润华世纪集团培训

制度落后于实践是制度创新的客观逻辑。

▶ 1999 年秋在山东大学谈制度创新

凡是大事件都会创造新事物诞生的机遇。

▶ 2007 年 11 月在美国对机遇的思考

制度是滞后的，谁先行动谁节省机会成本。

▶ 2005 年 3 月在平罗县委谈创新可以节省发展成本

正奇互动，创新无穷。

▶ 1998 年秋在山东大学为临沂真情集团培训

阴阳交替必有新奇。

▶ 1998 年秋在山东大学为临沂真情集团培训

没有技术创新就没有独立的产业。

▶ 2007 年 10 月在石嘴山市政府谈创新

发散性思维解放思想。

▶ 1999 年秋在山东大学谈解放思想

定向思维禁锢人心。

▶ 1999 年秋在山东大学谈解放思想

先进的思想必须有先进的见识。

▶ 2010 年 7 月在石嘴山市政府全体干部会上的讲话

高价值的创新须从质上入手。

▶ 1996 年春在山东省委政研室谈创新的影响力

对立的事物一旦统一必将产生伟大的新事物

▶ 1996 年春在山东省委政研室为企业培训

创新是超越的捷径。

▶ 2001 年 8 月在山东省委党校一年制中青班为企业培训

创新可以使现状重新洗牌。

▶ 2011 年 2 月在石嘴山市政府谈创新

人类最伟大的力量是思想创新、制度创新和技术创新。

▶ 2011 年 2 月在石嘴山市政府谈创新

创新者是先进的人群。

▶ 2001 年 8 月在山东省委党校一年制中青班为企业培训

人的能力大小，机遇多少看创新。

▶ 2007 年 10 月在石嘴山市政府谈创新

创造使劳动成为享受。

▶ 1999 年秋在山东大学谈创新

创新才能获得独特的价值。

▶ 2007 年 10 月在石嘴山市政府谈创新

三、科学技术既能创造财富，又能攻破制度

科学技术与政治制度交替着推动人类发展。

▶ 2011年10月在石嘴山政府谈科技的力量

文明不在于生产什么而是怎样生产。

▶ 2003年春在广饶县委接受《大众报》记者采访

硬技术决定着80%的效率。

▶ 2008年1月在石嘴山市政府谈企业管理

重工业是高新技术的摇篮。

▶ 2009年3月在石嘴山市政府谈坚定不移发展重工业

劳动的文明程度是社会进步的晴雨表。

▶ 2000年秋在山东省委政研室对农业机械的思考

降低劳动强度是社会文明的根本标志。

▶ 2000 年秋在山东省委政研室对农业机械化的思考

最先进的工具就是最先进的智慧。

▶ 1989 年春在山东省委党校二年制研究生班对生产力形态的思考

千节万省，现代的手段不能省。

▶ 1994 年春在山东省委办公厅对领导决策的思考

新现代化的标志是信息化。

▶ 2010 年 5 月在石嘴山市政府谈信息化

信息化是对政治、经济、社会、科技、军事等影响最深刻、最广泛的技术革命。

▶ 2012 年 2 月在法国对社会信息化的思考

信息化是民主化的技术助推力。

▶ 2000 年 3 月在山东大学谈民主与信息化的关系

专业化是科学化的基础。

▶ 2012 年 2 月在德国柏林对现代化手段的思考

专业化才高效。

▶ 2012 年 2 月在石嘴山市政府对平罗县卫星电视工程高效推进的思考

专家是专业信息的富集者。

▶ 2009年1月在中央党校中青班谈决策要重视科学

技术是物质文明的工具。

▶ 2011年10月在石嘴山市政府谈技术的威力

技术可以攻破制度。

▶ 2009年3月在石嘴山市政府谈物质与政治

现代科学是对原始科学的变形、延伸和综合。

▶ 2002年12月在广饶县对原始科学的思考

最原始的越是最可靠的。

▶ 2009年4月在石嘴山市政府对现代化现象的担忧

本能的都是科学的。

▶ 2006年12月在平罗县委谈传统的未必是落后愚昧的

对人的生存而言，越是传统的越是科学的。

▶ 2006年12月在平罗县委谈传统的未必是落后愚昧的

现代在传统面前永远有自身的脆弱点。

▶ 2001年9月在山东省委党校一年制中青班感悟美国出“9·11”事件

社会科学以变化的人为核心，波幅大、螺旋性强。

▶ 2008 年 12 月在中央党校中青班谈自然科学为什么发展快、社会科学为什么发展慢

自然科学以稳定的物为核心，波幅少、直线性强。

▶ 2008 年 12 月在中央党校中青班谈自然科学为什么发展快、社会科学为什么发展慢

科学发展即和谐而持续的发展。

▶ 2007 年 10 月在石嘴山市政府学习十七大报告的体会

可持续就是可积累。

▶ 2002 年 11 月在山东省委政研室谈可持续发展

软件统领硬件是事物的重要规律。

▶ 2008 年 1 月在石嘴山市政府谈科技道德化

一切动力都是由软物质转化成的硬力量。

▶ 2006 年 9 月在平罗县委谈辩证法

杀伤范围最广的是爆炸力，爆炸力的能量是软气体。

▶ 2003 年 9 月在平罗县委谈辩证法

气体可能是人体吸收最快的物质形态。

▶ 1981 年春在山东师范大学中文系谈事物规律

臭气未必不是营养质。

▶ 2008 年 12 月在中央党校中青班谈物质现象

生物化学是未来科技的主战场。

▶ 1981 年春在山东师范大学中文系谈事物规律

物理使事物变形,化学使事物变质。

▶ 2000 年夏在山东大学对化学重要性的思考

热使万物变态,冷使万物定型。

▶ 1981 年春在山东师范大学中文系谈事物规律

未来科学可能证明心主情,脑主智。

▶ 2006 年 2 月对一老者换成青年人心脏之后行为反常的思考

科学和艺术的最高境界是仿生。

▶ 1996 年春在山东省委政研室对科技现象的思考

在自然状态下生命体都是有利于自身的方向进化。

▶ 1999 年秋在山东大学谈自然性的意义

假设是科学诞生的重要起始点。

▶ 2000 年 2 月在山东大学历史文化学院谈科学的起源

科学是发现规律和运用规律。

▶ 2000 年 2 月在山东大学历史文化学院谈科学的起源

用艰苦奋斗修心，用科学技术提效，要各就其位。

▶ 2008 年 1 月在石嘴山市政府谈企业管理

成本是影响科学技术转化为现实生产力的基本因素。

▶ 2007 年 10 月在石嘴山市政府谈创新

傻瓜也能操作的才是高级的。

▶ 2005 年 3 月在平罗县委对高科技的思考

四、若道德失范，科学技术将加速人类灭亡

人文缺失与科技飞进的矛盾将是世界性社会矛盾。

▶ 2006年12月在平罗县委谈科技是双刃剑

物质决定精神，精神统领物质。

▶ 2000年1月在山东大学历史文化学院谈事物的规律性

人文是科技之魂。

▶ 2008年1月在石嘴山市政府谈科技道德化

人文必须驾驭科技，循则昌，违则亡。

▶ 1992年冬在山东省委办公厅对科技负功能的思考

科技是双刃剑，越锋越危险。

▶ 2001年9月在山东省委党校一年制中青班感悟美国“9·11”事件

越是现代化，人的生命越脆弱。

▶ 2003 年秋在广饶县委谈科技对人类的副作用

科技只有在保护自然力的前提下利用自然力，才能给人类带来福音。

▶ 2008 年 1 月在石嘴山市政府谈要应对现代化对大自然带来的危机

人力自助装置是应对现代化危机的保全手段。

▶ 2008 年 1 月在石嘴山市政府谈要应对现代化对大自然带来的危机

五、大自然力是第一造物力

天一，地二，人三是大规律。

▶ 2007 年 11 月在石嘴山市政府对人与天、地关系的思考

奇特的地貌必有奇特的资源。

▶ 2005 年冬在石嘴山市政府对西部地区的思考

一切植物和动物都是良性循环的生物化工厂。

▶ 2007 年 11 月在石嘴山市政府对人与天、地关系的思考

太阳系的物质都以太阳的能量为转移。

▶ 2008 年 10 月在中央党校中青班听生命科学讲座有感

人类面对七分海三分陆，研究利用海水的成份，对人类可持续发展意义重大。

▶ 2011 年 9 月在石嘴山市政府对人类面临资源制约的思考

人类将进入返朴归真和充分利用自然能量的新时代。

▶ 2011 年 12 月在石嘴山市政府谈否定之否定是人类发展的规律

一切生命是能量不断循环的过程。

▶ 2010 年 10 月在石嘴山市政府谈生物现象

天然与自然是培育事物的最佳环境。

▶ 1999 年秋在山东大学谈自然性的意义

国防防御外侵，环保防御自杀。

▶ 2010 年 3 月在石嘴山市政府节能环保大会上的讲话

化学品减量、物质循环利用、保护植被、涵养水源、治理污染是环保的必由之路。

▶ 2011 年 11 月在石嘴山市对保护自然的思考

维护大自然对人类的安全是科学发展的基石。

▶ 2011 年 11 月在石嘴山市对保护自然的思考

损有余弥不足既是社会规律也是自然规律。

▶ 2008 年 9 月在中央党校中青班谈自然规律

大均衡是天道。

▶ 2000 年春在山东大学认为万事万物生存有均衡性

大自然最终要征服小自然。

▶ 2004年10月在石嘴山市政府认为这是由物质的质量所决定的

大自然的禀赋诱导着生物行为。

▶ 2003年7月在广饶县委考察苏杭后的报告

开发其他星球是必然的趋势。

▶ 2007年11月在美国航天馆对人类生存空间的思考

智慧的最高境界是利用自然力。

▶ 2010年7月在石嘴山市政府谈科技的方向

自然造化的是最美最和谐的。

▶ 2008年9月在中央党校中青班谈自然的奇妙性

动植物摄入的质量决定其产出的质量。

▶ 2001年4月在山东省委党校一年制中青班谈动植物质量

养分相同的条件下，产量与质量成反比。

▶ 2008年10月在中央党校中青班谈物质守恒

生物受物理和生化的影响。

▶ 2008年9月在中央党校中青班谈生命是宇宙大系统的产物

生态是未来的核心竞争力。

▶ 2007年夏在吴忠市政府谈生态的战略意义

生态环境既是人类的福祿,又是人类的杀手。

▶ 2007年11月在石嘴山市政府谈人与自然

生态决定生物,生物影响生态。

▶ 2008年1月在石嘴山市政府谈生态建设

天人感应既是信息科学又是生态科学。

▶ 2007年11月在石嘴山市政府对汉代董仲舒天人感应论的再认识

择优质水源而居是健康的第一条件。

▶ 2001年2月在山东省委党校一年制中青班谈人与自然

生态是人类赖以生存的天和地。

▶ 2008年1月在石嘴山市政府谈生态、生产、生活协调发展

天是物质的。

▶ 2008年2月在石嘴山市政府对天的认识

水是生态之源。

▶ 2006年6月在平罗县委谈水在生态中的价值

气候是天的一部分。

▶ 2008年1月在石嘴山市政府谈生态、生产、生活协调发展

节气是规律。

▶ 2008年9月在中央党校中青班谈以规律性重复即是科学现象

天异地必异。

▶ 2008年5月在石嘴山市政府谈地震与闰月的关系

地质和水源是城市选址的前提。

▶ 2012年2月在意大利看庞贝古城被火山毁灭有感

人是大自然的产物。

▶ 2012年2月在石嘴山市政府谈人与自然。

六、人是一个完整、有机、神灵的小自然体

生命在于平衡。

▶ 1992 年冬在山东省委办公厅秘书二室对“生命在在运动”提出质疑

天有气候，人有体候。

▶ 2001 年 2 月在山东省委党校一年制中青班谈人与自然

睡眠是养生之本。

▶ 2007 年秋在石嘴山市政府谈保健

睡眠是小死，小生小死可阴阳互生。

▶ 2007 年秋在石嘴山市政府谈保

有机的东西越用越好。

▶ 2008 年 9 月在中央党校中青班学习晨练有感

大脑是一座与生命相伴的金矿。

▶ 1996年秋与大东大学为山东电力集团培训

人脑是加工智慧的工厂。

▶ 1996年夏在山东省委办公厅为企业培训

开发大脑是最重要的人才工程。

▶ 2000年冬在山东大学对人生现象的分析

大脑是取之不尽的金矿。

▶ 1996年夏在山东省委办公厅为企业培训

大脑录入的信息越多越密越聪明。

▶ 2005年6月在平罗县委谈人才开发

精神支配器官。

▶ 2000年春在山东大学对人的气质与体质、知识之关系的思考

体育育身心。

▶ 2001年春在山东省委党校一年制中青班读《青年毛泽东》有感

体气互生，智神并蒂。

▶ 2000年春在山东大学对人的气质与体质、知识之关系的思考

心理影响生理。

▶ 2010 年 2 月在石嘴山市政府谈精神的反作用

心情是寿命的重要变量。

▶ 2006 年春在平罗县委对健康因素的分析

养生主动，救命被动。

▶ 2006 年春在平罗县委谈健康同样是量决定质

导向影响认知。

▶ 1984 年 5 月与山东师范大学中文系学生学习认识论

背景影响判断。

▶ 2009 年 2 月在石嘴山市政府分析认识活动与客观因素之关系

直觉是一种复合能力。

▶ 2006 年 5 月在平罗县委对工作经验的思考

感觉是多信息的整合，是一种高智力活动。

▶ 2004 年冬在石嘴山市政府对认识论的思考

苦思必有回报。

▶ 2006 年冬在平罗县委有感

最可靠的认知是直觉和体验。

▶ 2007 年 10 月在石嘴山市到庆华集团调研有感

环境催生或弱化能力。

▶ 2007 年 11 月在美国华盛顿对语言环境的感悟

净化环境可以净化人们的行为。

▶ 1999 年秋在山东大学谈环境影响心态

应阴阳顺四时可以借天保健。

▶ 2001 年 2 月在山东省委党校一年制中青班谈人与自然

二十四节气是养生的坐标系。

▶ 2009 年 3 月在石嘴山市政府谈节气是统计规律

吃顺季节的食物有益天人互补。

▶ 2001 年 2 月在山东省委党校一年制中青班谈人与自然

扩开汗腺是最佳的保健。

▶ 2006 年 11 月在平罗县对运动与保健的思考

摄入、生化、平衡是健康的循环链。

▶ 2008 年 10 月在中央党校中青班谈过分节食会影响营养

嘴馋、腿懒是万病之源。

▶ 2008年11月在中央党校中青班谈保健

人与大自然贴得越紧越长寿。

▶ 2001年2月在山东省委党校一年制中青班谈人与自然

自然环境和饮食结构影响人的性格

▶ 2002年秋在山东省委政研室对人的性格的分析

环境影响人的心态和胸怀。

▶ 2001年2月在山东省委党校一年制中青班谈人与自然

环境体验容易触及心灵。

▶ 1987年春在莱西县孙受乡党委对领导科学的思考

绿色养心。

▶ 2011年4月在石嘴山市政府对春天的体验

人是亲绿的动物。

▶ 2005年9月在平罗县委对人与生态的思考

平和和开朗者健康。

▶ 2007年秋在石嘴山市政府谈保健

轻音乐舒展心灵。

▶ 2010年5月在石嘴山市政府谈音乐的功能

感恩者长寿。

▶ 2008年9月在石嘴山市政府谈感恩

人越老越善。

▶ 2007年5月在吴忠市委感悟人生

体验困苦,巩固善良。

▶ 2007年5月在吴忠市委感悟人生

体力劳苦有益健康,心境困苦生命不长。

▶ 2006年11月在平罗县委讲健康

体力劳动既养心又养体。

▶ 2006年11月在平罗县委讲健康

失眠是思维导致的。

▶ 2005年2月在平罗县委谈失眠

人们的心态常由环境定势。

▶ 1999年秋在山东大学谈环境影响心态

紧急时更易从众。

▶ 2008 年 9 月在银川河东机场有感

恐慌时不会有悲伤。

▶ 2010 年 7 月在石嘴山市政府观看《唐山大地震》有感

悲伤是温暖和同情引发的。

▶ 2010 年 7 月在石嘴山市政府观看《唐山大地震》有感

喜怒哀乐不可能没有,但不能久守。

▶ 2005 年 2 月在平罗县委谈调剂情绪

怨气伤身,宜解不宜积。

▶ 2003 年春在广饶县委谈干部情商

冲动约等于错误。

▶ 2006 年春在平罗县委谈情绪的副作用

暴喜暴怒,理智全去。

▶ 1999 年秋在山东大学自警

纵情必败,克己多胜。

▶ 1999 年秋在山东大学自警

辱人易致丧身之祸。

▶ 2006 年 12 月在平罗县委读《朱元璋》有感

放肆抑智而祸起。

▶ 1989 年春在山东省委党校二年制研究生班谈防止血气太盛

火爆的脾气只能杀伤自己。

▶ 1989 年春在山东省委党校二年制研究生班谈修养

秦始皇气盛命短。

▶ 2000 年秋在山东省决策咨询中心读《秦始皇》所感

饥饿和愤怒都会使人疯狂。

▶ 2006 年 8 月在平罗县委谈要善于控制自己或他人的情绪

怒而无畏，踱步释怒。

▶ 1996 年冬在山东大学读《黄帝内经》有感

与人相关的一切学问都需要心理学。

▶ 1997 年秋在山东省委政研室对人性与制度的分析

心理暗示调动潜能。

▶ 2008 年 11 月在中央党校中青班认为心理影响神经

安则静、危则动是基本的人性。

▶ 1988 年秋在山东省委党校二年制研究生班对领导科学的思考

人生最脆弱的东西是生命和政治。

▶ 2011 年 12 月在石嘴山市政府对社会现象的感悟

爱心代替不了痛苦，人生要自我保护。

▶ 2010 年 6 月在在老家谈健康人生

人善，死后却给人以畏；虎猛，死后却给人以静。

▶ 2012 年 4 月在石嘴山市政府谈人是深奥的物质

人体科学神秘而无穷。

▶ 2012 年 4 月在石嘴山市政府谈人是深奥的物质

人类关于人的一切学问，不可轻信，但不可轻否。

▶ 2012 年 4 月在石嘴山市政府谈人是深奥的物质

七、除了大自然力外，最强的能量是思想力

思想是经营人生的货币。

▶ 2012 年在石嘴山市政府谈人类的力量

辩证才是大智。

▶ 2007 年 8 月在吴忠市政府分析哲学现象

唯人论既是唯物论又是辩证法。

▶ 2001 年 2 月在山东省委党校一年制中青班谈人与自然

观念生产、观念传播、观念物化是人类的能动性。

▶ 1999 年秋在山东大学谈人的奇特性

思想自由和人身自由才能发展生产力。

▶ 2011 年在石嘴山市对中国历史的思考

新思想、新文化、新经济是新社会的前奏。

▶ 2001 年春在山东省委党校一年制中青班对社会变革的思考

思想是制度与技术的源泉。

▶ 2012 年 1 月在石嘴山市对思考力的思考

思想对社会的影响更持久。

▶ 1998 年秋在山东省委党校二年制研究生班谈思想是驱心动力

思想统一才是真正的统一。

▶ 1998 年秋在山东省委党校二年制研究生班谈思想是驱心动力

思想文化是政治的春雨。

▶ 1998 年春在山东省委党校二年制研究生班读《中外思想史》有感

理论成熟是事物成熟的标志。

▶ 2002 年秋在山东省委政研室为山东农业大学干部培训

正确的理念是软黄金。

▶ 1996 年春在山东省委决策咨询中心谈观点的价值

社会进步的导火索一是思想革命，二是技术革命。

▶ 2001 年秋在山东省委党校一年制中青班为东营市企业干部培训

人是靠智慧成为万物之灵的。

▶ 1984 年春在山东师范大学分析智慧的价值

思维是智慧的纺车。

▶ 1996 年秋在山东大学为山东电力集团培训

只有奇想才有奇迹。

▶ 2000 年冬在山东省委政研室对人生现象的分析

人总是要释放能量,或正或负。

▶ 2008 年 1 月在石嘴山市政府谈管人不同在管物

心通了做事才高效。

▶ 2008 年 2 月在石嘴山市政府谈心动力

人的情绪可以放大和折扣指令。

▶ 2007 年秋千石嘴山市政府谈管人不同干管物

人不同于机器,具有持久的反作用力。

▶ 2007 年秋在石嘴山市政府谈管人不同在管物

用管物的方法管人必有后患。

▶ 2007 年秋在石嘴山市政府谈管人不同在管物

植物尚有争阳避障的本能，况人乎？

▶ 2007 年秋在石嘴山市政府谈管人不同在管物

要研究心动力、心经济、心政治、心文化、心社会。

▶ 2005 年 4 月在平罗县委谈工作要从心理切入

管理人首先要管理思想。

▶ 2003 年 5 月在广饶县委谈思想是人的特质

哲人大胜。

▶ 2007 年 8 月在吴忠市政府分析哲学现象

哲学是人类进步的金钥匙。

▶ 1997 年秋在山东大学为济南市国税系统培训

智慧就是善于把握事物之间的联系。

▶ 1984 年春在山东师范大学分析智慧的本质

感性、理性、悟性是认识的周期。

▶ 1984 年春在山东师范大学读《实践论》、《矛盾论》

悟性的产物才是自己的。

▶ 1995 年春在山东省委办公厅分析思与悟对人的成熟之影响

善悟方可善谋。

▶ 1995年春在山东省委办公厅分析思与悟对人的成熟之影响

研究人性、利用人性、开发人性是软科学的主战场。

▶ 2000年秋在山东省委政研室对领导科学的思考

人类的特殊性就是精神性和思想性。

▶ 1989年5月在山东师范大学读心理学有感

魂即精神，精神垮则魂飞。

▶ 1989年5月在山东师范大学读心理学有感

不研究和利用人的精神，就没有抓住人的本质。

▶ 2008年12月在中央党校中青班谈人的学问

人的精神来自不断的刺激。

▶ 1982年秋在山东师范大学读心理学有感

礼和孝是人类区别于动物的文化特征。

▶ 1982年秋在山东师范大学读心理学有感

爱国、互助、诚信、孝敬是人的基础道德。

▶ 2008年11月在井冈山谈社会价值观表述要大众化

人的技能、情感、思想在安逸中退化。

▶ 1999 年秋在山东大学谈安逸会丧志、毁身

先忧后乐是健康的人生模式。

▶ 1998 年秋在山东大学对人生的苦乐程序不同结局会不同有感

吃苦回报健康，灾难回报进步。

▶ 2008 年 6 月在石嘴山市政府对灾害后果的认识

满足基本需求后，精神满足是人的第一追求。

▶ 2008 年 12 月在中央党校中青班谈人的学问

求同意识是永恒的心。

▶ 1989 年春在山东省委党校二年制研究生班论求同意识

同类求同是人们追求的第一指向。

▶ 1989 年春在山东省委党校二年制研究生班论求同意识

不同的人群有不同的需求层次。

▶ 1983 年 5 月在山东师大读马斯洛著《心理学》有感

贵是人所追求的最高目标。

▶ 1999 年秋在山东大学对社会现象的思考

八、人若失去工具，其能量不如飞禽走兽

国家、军队、监狱、政党、团队、职务、机械、枪炮等都是工具。

▶ 2012 年 1 月在石嘴山市政府谈人的力量在在创新和利用工具

掌控结构者为师为长，创造局部者为工为匠。

▶ 2012 年 2 月在石嘴山市政府谈职业分工的特点

有了工具就有了一切，一切都是工具。

▶ 2012 年 2 月在石嘴山市政府谈职业分工的特点

善于获得和运用工具者成大业。

▶ 2012 年 1 月在石嘴山市政府谈人的力量在在创新和利用工具

从使用价值看，事务之间互为工具。

▶ 1989 年秋在山东省委党校二年制研究生班对群体意识的思考

组织、动员、团结人群就是组织、动员、团结工具。

▶ 2007 年 6 月在吴忠市政府谈工具要与事业成正比

领导就是通过利用人这一工具,掌控一切工具。

▶ 2007 年 6 月在吴忠市政府谈工具要与事业成正比

政党的力量在于组织的力量。

▶ 2007 年 6 月在吴忠市政府对人事现象的观察

动员、号令社会必须借助健全的组织体系。

▶ 2010 年 7 月在浙江青年集团谈政党政治在现在社会中的作用

只有合群,人的能量才无限大。

▶ 1989 年秋在山东省委党校二年制研究生班对群体意识的思考

鸡刀宰不了大牛,工具与事业成正比。

▶ 2007 年 6 月在吴忠市政府谈工具要与事业成正比

组织系统是社会的机器。

▶ 2008 年 8 月在辽宁沈阳机场有感

组织是整合力量的特殊工具。

▶ 2007 年 10 月在石嘴山市政府对人事现象的观察

组织的力量高效而强力。

▶ 2007 年 6 月在吴忠市政府对人事现象的观察

组织的能量无限大。

▶ 2007 年 6 月在吴忠市政府对人事现象的观察

用组织操纵社会轻而易举。

▶ 2007 年 6 月在吴忠市政府谈组织是工具

组织是权力的载体。

▶ 2007 年 6 月在吴忠市政府对人事现象的观察

制度是作用于人的工具。

▶ 2001 年春在山东省委党校一年制中青班对制度问题的思考

掌国必掌兵，理社必掌刑。

▶ 1997 年春在山东省决策咨询中心为济南市国税系统培训

枪杆、密探、官衔是强权的基本法码。

▶ 1990 年 8 月在山东大学读史有感

组织方式是物化的生产关系。

▶ 2001 年秋在山东省委党校一年制中青班对制度的思考

强大的群体就是强大的工具。

▶ 2010年6月在瑞典国有感

大群体和大规模具有安全感和诱导力。

▶ 2010年6月在瑞典国有感

信息和组织使社会成为有机体。

▶ 2008年11月在中央党校中青班谈组织与系统科学

组织及社会的有机性越高，其活力越强。

▶ 2008年11月在中央党校中青班谈组织与系统科学

做大事业必须激活千军万马。

▶ 2004年10在石嘴山市政府谈“一把手”职责

推动工作首先要激活千军万马，其次是添砖加瓦。

▶ 2006年9月在平罗县委对班子成员谈话

激活领导班子是调动千军万马的关键。

▶ 2006年9月在平罗县委谈“一把手”职责

发挥领导集团成员的作用是高层级的群众路线。

▶ 2006年春在平罗县委干部会上的讲话

要把领导集体建成多缸发动机。

▶ 2006 年春在平罗县委干部会上的讲话

要让副职有价值。

▶ 2006 年春在平罗县委干部会上的讲话

要让副职在专项工作中多当集体决策的小班长。

▶ 2006 年春在平罗县委干部会上的讲话

多人尽责总比一人好。

▶ 2006 年春在平罗县委干部会上的讲话

人一旦失去工具,其力量十分脆弱。

▶ 2007 年冬在石嘴山市政府讲利用工具的意义

任何人对工具的支配不是永久的。

▶ 2007 年冬在石嘴山市政府讲利用工具的意义

家有二亩田,人生最安全。

▶ 2011 年 10 月在石嘴山市政府谈现代化

九、大的主见和行动是建立在世界观和方法论基础之上的

思想就是世界观，辩证就是方法论。

▶ 2001年2月在山东省委政研室谈什么是世界观

政治、经济、社会、自然四大规律是矛盾的。

▶ 2007年11月在美国的思考

和谐的最高目标是经济、社会、政治、自然四大规律的和谐。

▶ 2007年10月在石嘴山市政府对一些现象的分析

主动推动矛盾统一是智者。

▶ 2001年冬在山东省委党校一年制中青班谈智者善于促进矛盾统一

截然相反的矛盾因素一旦统一，必将产生高级的新事物。

▶ 2000年2月在山东大学历史文化学院对阴阳统一作用的分析

截然相反的水与火是人类离不开的两大矛盾物质。

▶ 1988 年 12 月在山东省委党校二年制研究生班论文

人的追求是螺旋式的，前进包含着回归。

▶ 2010 年 8 月在石嘴山市政府对不同人群的分析

事物在循环中平衡。

▶ 1999 年秋在山东大学谈事业与人生

唯物论和辩证法是攻坚克难的利斧。

▶ 2001 年 2 月在山东省委政研室谈思想方法与事业

越是高级的事物其复合成分越复杂。

▶ 1988 年 12 月在山东省委党校二年制研究生班论文

幸福就是迫切的需求得到满足时的快感。

▶ 1988 年 12 月在山东省委党校二年制研究生班论文

幸福分期享受则幸福，集中享受会痛苦。

▶ 2010 年 2 月在石嘴山市政府谈“交替”是件好事

从相对方做起更易成功。

▶ 2005 年 4 月在平罗县委再读《道德经》

倡导一种主流风尚时必然出现类似于主流风尚的流弊。

▶ 2009年10月在石嘴山市政府读史有感

任何一项正统的东西必有负功。

▶ 2009年10月在石嘴山市政府读史有感

要防止因倡利而生弊。

▶ 2009年10月在石嘴山市政府读史有感

单因无果，好果多因。

▶ 2001年冬在山东省委党校一年制中青班对事物产生发展因素的思考

单阳不成，单阴不生。

▶ 2001年冬在山东省委党校一年制中青班对事物产生发展因素的思考

事物借阴阳而生，世界借阴阳而存。

▶ 2001年冬在山东省委党校一年制中青班对事物产生发展因素的思考

阴阳互补是一切思维、工作、生活的大法。

▶ 2000年2月在山东大学历史文化学院学习中国古典哲学有感

中庸即平衡。

▶ 2006年5月春在平罗县委谈和谐社会要研究不同阶层的心理

度的均衡只能在交替中把握。

▶ 2008年5月在石嘴山市政府认为静态不能实现度的均衡

社会文明将进入“心”的时代。

▶ 2005年4月在平罗县委谈工作要从心理切入

有主次有先后有过程是辩证法区别于诡辩论的实质。

▶ 2007年8月在吴忠市政府分析哲学现象

主要矛盾对事物的影响持久，次要矛盾对事物的影响短暂。

▶ 2007年8月在吴忠市政府分析哲学现象

和谐是矛盾的对立统一。

▶ 2007年10月在石嘴山市政府学习十七大报告的体会

美是人类文明的本质标志。

▶ 2010年8月在石嘴山市政府干部大会上的讲话

美的本质是和谐。

▶ 2006年2月在平罗县委谈和谐的本质与外延

反差美是一种规律。

▶ 2009年3月在石嘴山市政府谈真正的美感是反差美

对称是最普遍的美。

▶ 2007 年秋在石嘴山市政府对生命体美感的思考

对称与黄金分割点都是规律美。

▶ 2007 年秋在石嘴山市政府对生命体美感的思考

艺术是曲线。

▶ 1982 年在山东师范大学任班长有感

单一意味着低级。

▶ 1997 年 4 月在山东省委政研室对哲学现象的思考

“三”是一个周期。

▶ 1997 年 4 月在山东省委政研室对哲学现象的思考

阴、阳、中庸是一切事物的三元形态。

▶ 1999 年秋在山东大学认为做事的方法要简练

事物的过程表现为一分为三。

▶ 1992 年冬在山东省委办公厅人事处对事物演化进程的分析

科学、简约、高效的工作方法一般是二元力或三元力。

▶ 1999 年秋在山东大学对工作方法的思考

一切平衡表现为过程平衡。

▶ 2008年9月在中央党校中青班谈阴阳统一规律

阴阳交替出现是真正的辩证法。

▶ 2008年9月在中央党校中青班对阴阳统一规律的认识

为了整体必须研究单体,为了单体必须研究整体。

▶ 2008年10月在中央党校中青班谈辩证与系统思维是科学

阴阳合,万物生。

▶ 1984年春在山东师范大学读古典哲学有感

阴阳互补才是成功之路。

▶ 1984年春在山东师范大学读古典哲学有感

阴阳互动,事事可成。

▶ 2004年冬在石嘴山市政府读辩证法哲学有感

因为差异所以复杂。

▶ 1988年12月在山东省委党校二年制研究生班论文

有形的财富随时空的变迁而消失。

▶ 1997年冬在山东省委政研室与企业交流

无形资产可穿越时空。

▶ 2003年7月在山东省广饶县委对企业干部的讲话

无形的财富取之不尽。

▶ 2003年7月在山东省广饶县委对企业干部的讲话

弹性管理可以预防风气偏执。

▶ 2009年10月在石嘴山市政府读史有感

优良的传统积淀着祖先的智慧和经验。

▶ 2008年7月在石嘴山市政府谈对传统的态度

好的典章不等于有好的现实。

▶ 1996年秋在山东大学认为历史的真实性不在于典章制度文本，在于典章制度的执行程度

好的一般都是难的。

▶ 2003年6月在山东广饶县委谈好事均来之不易

高价值的东西往往都潜藏在内层。

▶ 1999年秋在山东大学分析事物现象

纯而又纯的事物都将在退化中灭绝。

▶ 2000年春在山东大学对生物进化的思考

一切事物都在变异和进化中衍生。

▶ 1999年秋在山东大学分析事物进化现象

物质要稳定必须有稳定的形态。

▶ 2008年7月在石嘴山市政府谈事物存在必须有载体

总结和反思是社会进化的路径。

▶ 2007年11月在美国谈社会进化

历史必然在反思与积淀中提升。

▶ 2008年8月在中央党校中青班谈解放思想

人类社会是思想反思与财富积淀的过程。

▶ 2008年8月在石嘴山市政府谈历史前进的惯性

用历史进化的现实指责历史是反科学的。

▶ 2008年12月在中央党校中青班对理论界用今天否定昨天之行为的质疑

有远见、不怕事是解放思想的两把尺子。

▶ 2010年7月在石嘴山市政府全体干部会上的讲话

世界观是对世界事物的判断或命题。

▶ 2008年10月在中央党校中青班谈世界观

价值观是对人生境界的定位或认同。

▶ 2008 年 10 月在中央党校中青班谈世界观

价值观是理性行为的灯塔。

▶ 2001 年春在山东省委党校一年制中青班谈价值观的重要性

价值趋向影响行为选择。

▶ 2001 年春在山东省委党校一年制中青班谈价值观的重要性

世界观和价值观高于方法论。

▶ 2008 年 10 月在中央党校中青班谈世界观

价值观驱心，方法论启智。

▶ 2005 年春在平罗县委谈人生价值观的意义

价值观是动机，方法论是工具。

▶ 2005 年春在平罗县委谈人生价值观的意义

把实事求是仅理解为务实遗害无穷。

▶ 2001 年 4 月在山东省委党校一年制中青班谈实事求是

规律在数理之中。

▶ 2002 年秋在山东省委政研室与山东农业大学干部沟通

抓大事必须抓结构。

▶ 1996 年春在山东省决策咨询中心与鲁花集团对话

任何事物都有其层级和主次结构。

▶ 1992 年秋在山东省委办公厅谈事物的核心

从结构分析入手，寻找主要矛盾及其联系。

▶ 1999 年秋在山东大学读毛泽东《中国社会各阶级的分析》有感

结构决定事物的安全、功能、力量、效益和美感。

▶ 2008 年 11 月在井冈山学院感到结构的重要性

结构决定要素能量的释放。

▶ 2010 年 3 月在石嘴山市政府谈要素与结构的关系

多序列少层级是一种高效的治理结构。

▶ 1994 年春在山东省济南市为企业经理培训

层级越多，作用力越强。

▶ 1988 年 12 月在山东省委党校二年制研究生班论文

形式是结构。

▶ 1987 年春在莱西县委组织部对领导科学的思考

文明必须由形式来体现。

▶ 1999 年秋在山东大学认为形式是文明的载体

程序是特殊的形式、特殊的结构。

▶ 2006 年 6 月在平罗县委讲按工作程序办事的意义

艺术离不开程序。

▶ 2006 年 8 月在平罗县委心得

文明与成本成正比。

▶ 2003 年 6 月在山东省广饶县委对建筑物和产品设计的思考

文明形式与使用价值一般是成反比。

▶ 2003 年 6 月在山东省广饶县委对建筑物和产品设计的思考

审美价值与使用价值一般是成反比。

▶ 1994 年春在山东省济南市为企业经理培训

稳定必须借助微调。

▶ 2000 年春在山东省决策咨询中心谈社会政策

模式化的原因必然产生普遍性结果。

▶ 2008 年 11 月在江西省井冈山对体制改革的思考

按某一规则运动必然产生规则的现象。

▶ 2007 年冬在石嘴山市政府对行为与结果的思考

规范或规律的行为必有规范或规律的结果。

▶ 2007 年 10 月在石嘴山市政府对因与果规律的思考

制衡是有效运动的保证。

▶ 1996 年秋在山东省委政研室与企业经理班座谈

互动才高级。

▶ 2005 年夏在平罗县委对体制机制改革方向的思考

予和夺都是权力。

▶ 2005 年春对职权现象的分析

权力、权威的大小，取决于拥有资源的多寡和予夺的力度。

▶ 2001 年春在山东省委党校一年制中青班对制度问题的思考

间接用力更持久。

▶ 1987 年春在省莱西县孙受乡党委对领导科学的思考

间接即战略。

▶ 1996 年春在山东省烟台市与企业经理培训班对话

对与错相互转化，只是过程长短而已。

▶ 1996年8月在山东大学读史有感

当某一问题成为发展的瓶颈时，它就成为第一任务。

▶ 2010年6月在石嘴山市政府对生态建设的认识

正确与错误取决于时空。

▶ 2008年11月在中央党校中青班认为改革要有时空意识

在进化中吸收古典的成分符合正反合规律。

▶ 2007年11月在美国对产品研发和生活习惯复古的思考

五百年必有王者出，符合历史反思进化论。

▶ 2006年5月在平罗县委对历史人物的思考

循环之中有进化，进化之中有循环。

▶ 2007年11月在美国对产品研发和生活习惯复古的思考

实践是暴露缺点，发现经验的过程。

▶ 1992年春在山东省委办公厅对真理标准的分析

经验是不断完善的雕刀。

▶ 2008年11月在中央党校中青班认为经验在校正着人类的社会

同类必有共性。

▶ 2007 年 11 月在美国对不同种族的思考

事物都是因果相映。

▶ 2005 年冬在平罗县对西部地貌与矿产的思考

经验产生原理。

▶ 2008 年 11 月在中央党校中青班考察泉州有感

许多规律是对经验的总结。

▶ 2004 年冬在石嘴山市政府对经验的认识

顺其自然即接近规律。

▶ 2002 年秋在山东省决策咨询中心为山东农业大学干部培训

自然规律是自调节规律。

▶ 2006 年 6 月在平罗县委对自然规律本质的认识

自调节规律是无为而治的哲学依据。

▶ 2006 年 6 月在平罗县委对自然规律本质的认识

规律就是因果关系。

▶ 2009 年 10 月在石嘴山市政府对规律的分析

数是质的表现。

▶ 2008年3月在石嘴山市政府认为命运是唯物的

积累是质变的形式。

▶ 1996年冬在山东大学认为没有积累就没有飞跃

质变是惊险的跨越。

▶ 1996年冬在山东大学认为质变是惊险的,没有积累就没有飞跃

事物在不同时期有其自身的关键变量。

▶ 2000年春在山东省决策咨询中心认为事物变化的原因是多样的

事物越大,风险越小。

▶ 2003年10月在山东省广饶县委与东营市经委系统的企业座谈发言

物质基数越大,其几何效应越大。

▶ 2004年秋在石嘴山市政府对强大的事物之优势的思考

规模大,回路多,风险小。

▶ 2004年秋在石嘴山市政府对强大的事物之优势的思考

规模大才有震撼力和冲击波。

▶ 2005年2月在平罗县委分析规模和数量的作用

大规模可以产生信任感。

▶ 1988 年 12 月在山东省委党校二年制研究生班论文

大体量才有大气势。

▶ 1988 年 12 月在山东省委党校二年制研究生班论文

排除法是优选法之一。

▶ 2000 年春在山东省决策咨询中心为鲁电变压器厂培训

事物失去核心即意味着灭亡。

▶ 1999 年秋在山东大学谈核心与事物的生命

有管理就有反抗。

▶ 2007 年秋在石嘴山市政府谈管人不同于管物

协调是文明管理的大趋势。

▶ 1999 年秋在山东大学谈管理

唯物论让你脚踏实地，辩证法让你智慧无穷。

▶ 2001 年 2 月在山东省委政研室谈思想方法与事业

十、民自立，国运兴

人的自由时间越多越幸福。

▶ 2000年11月谈追求自由是人的本性

自主才能自动。

▶ 2001年在山东省委党校一年制中青班对制度与开发人的生产力的思考

活力来源于利益主体的自主和自动。

▶ 2001年于山东省委党校一年制中青班对制度与开发人的生产力的思考

所有权是自主权的前提。

▶ 2001年冬在山东省委党校一年制中青班就关于制度的几个问题的交流发言

解放生产力首先要解放人。

▶ 2000年冬在山东省委党校一年制中青班对生产力的分析

生产关系越简单，生产力越发展。

▶ 2007年7月在山东大学读史有感

人身依附关系越淡化，社会越进步。

▶ 2005年6月在平罗县谈社会历史进步

法制是民自立的条件。

▶ 2005年6月在平罗县谈社会历史进步

竞争的经济、民主的政治、融合的文化是大国崛起的力量。

▶ 2001在山东省委党校一年制中青班读《大国的兴衰》有感

社会结构的背后是制度结构。

▶ 2001年春在山东省委党校一年制中青班对制度的分析

制度是社会结构，人是社会要素。

▶ 2006年6月在广饶县委对生产关系、上层建筑在特定阶段的关键性的分析

制度是人的行为路线。

▶ 2001年冬在山东省委党校一年制中青班对民主与法制的思考

惩罚侵权是法制的灵魂。

▶ 2001年冬在山东省委党校一年制中青班对民主与法制的思考

法制的价值是秩序。

▶ 2001年1月在山东省委党校一年制中青班对法制价值的分析

善有善报，恶有恶应，才能形成良性自组织机制。

▶ 2006年秋在平罗县委对社风、政风的思考

管理层级越高，管理幅度越大，社会成分越杂，法制的效能愈大。

▶ 2001年1月在山东省委党校一年制中青班谈论法制价值

激励机制必须结构多元、权重突出、兼顾长远。

▶ 1996年春在山东省委办公厅对领导活动的思考

在激励中制约，在制约中激励。

▶ 1996年春在山东省委办公厅对领导活动的思考

体制、机构、机制是影响效率的工艺性要件。

▶ 1996年冬在山东大学对政府改革的思考

谁受益谁监督是最佳的责任机制。

▶ 2005年冬在平罗县委谈责任制要有利益关联度

民主执政就是在协调中实现执政的目的。

▶ 2009年6月在石嘴山市政府谈民主作风与执行目的的关系

有机性就是互动性。

▶ 2008 年 11 月在中央党校中青班谈组织与系统科学

善于放权的人都是有统治力的人。

▶ 2000 年 1 月在山东大学对历史人物的思考

有能力统才有胆略放。

▶ 2000 年 1 月在山东大学对历史人物的思考

限制的都是想干的，隐蔽的都是想看的。

▶ 2006 年秋在平罗县委对疏与堵关系的思考

人的最高利益是人权。

▶ 2003 年春在广饶县委接受记者采访

生存利益、感情利益、经济利益、政治利益是人权的基本利益。

▶ 2003 年春在广饶县委接受记者采访

防止权力异化必须以民治权，以德治权，以法治权，以权治权。

▶ 2001 年秋在山东省委党校一年制中青班谈制度

唐宋兴旺的原因是政治集权、经济放宽。

▶ 1984 年冬在山东师范大学读史有感

执行规矩比执行命令更高效。

▶ 2001年在山东省委党校一年制中青班对制度与开发人的生产力的思考

仕阶层的兴盛是社会充满生机的标志。

▶ 1999年秋在山东大学读史有感

谁先突破常规，谁先赢得自由。

▶ 2004年夏在石嘴山市政府谈闯天下

机制固然重要，素质更居根本。

▶ 1999年秋在山东大学对机制局限性的分析

建立在心理学基础上的制度是永恒的。

▶ 1997年秋在山东省委政研室对人性与制度的分析

历史演进形成的制度是科学的。

▶ 2001年5月在山东省委党校一年制中青班对制度的分析

被历史验证而承传的规章是用生命和鲜血划出的路标。

▶ 2001年5月在山东省委党校一年制中青班对制度的分析

制度是潜在生产力变为现实生产力的关键。

▶ 2001年冬在山东省委党校一年制中青班就关于制度的几个问题的交流发言

体制与机制是驱动或制约社会发展的无形机器。

▶ 2003年6月在广饶县委对生产关系、上层建筑在特定阶段的关键性的分析

机制是能量的闸门。

▶ 1989年秋在山东省委党校二年制研究生班在莱西县教育系统校长班交流发言

等级开放,社会向上。

▶ 2005年6月在平罗县谈社会历史进步

十一、一个脑袋、一张嘴、一张脸皮、两条腿是平民先期创业的资本

职业选择是人生的大计。

▶ 1996年夏在山东省委办公厅认为要慎选职业

志向要以禀赋为基础。

▶ 2009年5月在宁夏自治区党校的培训

做总成利润率最高。

▶ 2002年在山东省委政研室为企业讲课

性格、爱好、特长影响发展方向。

▶ 2009年5月在宁夏自治区党校的培训

好苗子容易赢得好水肥。

▶ 2006年春在平罗县委谈干部

努力工作，渔鱼兼得。

▶ 1988 年春在山东省委党校二年制研究生班为润华世纪集团培训

良性积累，才能良性转折。

▶ 1996 年秋在山东大学与真情集团交流发言

迁徙可以创造机遇。

▶ 2001 年秋在山东省委党校一年制中青班认为要在动态中寻找机遇

鸟善迁徙才有广阔的生存空间。

▶ 2005 年 7 月在平罗县委对人才现象的思考

场域大机遇多。

▶ 1998 年秋在山东省委政研室对人生机遇的思考

大千世界，机遇不会主动地向你走来。

▶ 1983 年春在山东师范大学谈西方现实主义文学作品《红与黑》有感

主帅不喜欢被动的兵。

▶ 1988 年秋在山东省委党校二年制研究生班为润华世纪培训

把自己看得太重，事业难成。

▶ 2004 年 6 月在石嘴山市政府讲创业

奉献和付出是好人的基础。

▶ 1999 年秋在山东大学讲如何做一个好人

敢想又敢干是能人的条件。

▶ 1999 年秋在山东大学讲如何做一个好人

抓住机遇做事省功省力。

▶ 2005 年 5 月在平罗县委讲改革与发展的思路

抓住一个机遇就会超前一个周期。

▶ 1997 年春与山东省腾州市青年干部交流发言

认同可以拉近人与人的距离。

▶ 1989 年秋在山东省委党校二年制研究生班对群体意识的思考

共识是共谋的条件。

▶ 2010 年 8 月在石嘴山市政府与朋友谈推动工作

干不成事的原因大都是放不下架子、丢不下面子、铺不下身子。

▶ 2012 年在石嘴山市政府谈创业

人要在做加法中前进。

▶ 2006 年 10 月在平罗县委谈发展思路

德能勤绩，要用勤开路。

▶ 2005 年 3 月在平罗县委与基层干部谈话

不切实际的目标是疯。

▶ 1983 年春在山东师范大学讲人生

大事业都伴随着大风险。

▶ 2001 年在山东省委政研室谈情商与事业的关系

看准了，赌一把，才能干大事。

▶ 2001 年在山东省委政研室谈情商与事业的关系

干事一要靠脑子，二要靠胆子。

▶ 2001 年在山东省委政研室谈情商与事业的关系

事业大小与整合的资源多少成正比。

▶ 2001 年在山东省委政研室谈情商与事业的关系

工作是一面镜子。

▶ 2006 年 9 月在平罗县委有感于平罗县的工作

人的风格和专长就是品牌。

▶ 2004 年冬在石嘴山市政府对人的品牌的思考

打台球经常无法直接作用于目标球,不能不打。

▶ 2009 年 2 月在石嘴山市政府与干部谈话

人要为社会做事,为历史留名,上司不会影响你一生。

▶ 2009 年 2 月在石嘴山市政府与干部谈话

诚信可以置换社会资源。

▶ 2006 年冬在平罗县委谈诚信

人的无形资产比有形财富更重要。

▶ 2004 年 7 月在石嘴山市政府认为人的无形资产可贯时空

无形资产可以跨时空整合社会资源。

▶ 2007 年 10 月在石嘴山市感到品牌时代的到来

无形资产是通过有形因素积淀的。

▶ 1996 年秋在山东省决策咨询中心与河北中捷集团交流发言

好感是成功的先兆。

▶ 1988 年 10 月在山东省委党校二年制研究生班对领导科学的思考

事物是因为有价值才被使用。

▶ 2006 年春在平罗县委谈干部

什么年龄做什么事更容易成事。

▶ 2000年5月在山东大学谈巧用年龄段

做总成工作效益最高。

▶ 2006年7月在平罗县委对职业现象的思考

事业是人生的火车头。

▶ 1999年秋在山东大学认为事业高在利益

人最大的后悔是时间来不及了。

▶ 2004年8月在石嘴山市政府谈时间的意义

消费时间的方式不同，创造的价值不同。

▶ 2000年冬在山东省委政研室对人生的思考

时间是个弹性巨大的蓄电池，塞进去的“努力”越多，能量越大。

▶ 2000年冬在山东省委政研室对人生的思考

时间是一切事物发展的基本条件。

▶ 2004年6月在石嘴山市政府对时间与人生的哲学关系的思考

时间是人生自主的重要变量。

▶ 1984年5月在山东师范大学对利用时间与人生的思考

时间和付出是每个人自主的因素。

▶ 1987 年 3 月在莱西县委组织部为全县校长班培训

从时间里淘金成本最低。

▶ 2005 年 10 月在平罗县委与干部谈话

透支时间往往大器早成。

▶ 1988 年秋在山东省委党校二年制研究生班谈平民奋斗

丧失一个机遇,就丧失一个发展周期。

▶ 1996 年秋在山东大学为山东电力集团培训

不能把幸福托付给别人。

▶ 2002 年秋在山东省委政研室与山东农业大学干部交流

混事业是混自己。

▶ 2004 年 3 月在广饶县委与干部谈话

敷衍工作是敷衍人生。

▶ 1997 年秋在山东大学为鲁花集团培训

安逸的环境是扼杀潜能的温床。

▶ 2000 年冬在山东省委政研室对社会问题的思考

勤奋和付出是可靠的创业路。

▶ 2000年在山东大学给企业培训

勤奋是融入群体的智慧。

▶ 2006年11月在平罗县委谈勤奋

勤奋既能成事又能积德。

▶ 2006年11月在平罗县委谈健康

勤奋是观察品行的窗口。

▶ 2006年11月在平罗县委谈德能勤绩以勤为先

天助地助固然好，但道德和勤奋最可靠。

▶ 2010年10月在石嘴山市政府所创作的歌词《听听爹娘心》

斤斤计较难成大事。

▶ 1996年春在山东省委办公厅与润华世纪集团员工交流

付出才能杰出。

▶ 2002年秋在山东省委政研室为山东农业大学干部培训

付出是精神享受。

▶ 2004年5月在石嘴山市政府谈付出与修行

付出是获得的法则。

▶ 1996 年秋在山东省决策咨询中心为真情集团的培训

自由需要代价。

▶ 2004 年夏在石嘴山市政府谈获得与付出

合理定位才能顺利作为。

▶ 1998 年秋在山东省委党校二年制研究生班对事业的思考

高标准才能可持续。

▶ 2006 年 12 月在平罗县委谈城市规划

细致出感情、出水平、出艺术、出保险系数。

▶ 1997 年春在山东大学为鲁花集团培训

重要的事情要重视细节。

▶ 2008 年 10 月在中央党校中青班谈要重视重大任务的细节

在执行环节，多思细想是真正的高效。

▶ 2012 年 5 月 1 日于青岛参加公务活动有感

细心体现用心。

▶ 2006 年 10 月检查平罗县新城区工地所感

细化是能力。

▶ 2001年5月在山东省委党校一年制中青班谈工作作风

细节折射水平、形象和习惯。

▶ 2006年10月检查平罗县新城区工地所感

人性化需要细节。

▶ 2010年6月在石嘴山市政府谈服务

用审美的眼光做事方能把事做美。

▶ 2002年1月谈人生、工作都要有美感

温和式抵制不易激化矛盾。

▶ 2010年7月在石嘴山市政府谈应对矛盾

在参与中匡正是真正的济世者。

▶ 2003年冬在广饶县委谈对立式指责无济在世

要济世不要骂世。

▶ 1989年秋在山东省委党校二年制研究生班谈骂世解决不了根本的问题

人要适应环境，改造环境，创造环境。

▶ 2002年秋在山东省委政研室为山东农业大学干部培训

小环境更重要。

▶ 2006 年 10 月在平罗县委谈发展思路

大环境是创业的机遇，小环境是创业的条件。

▶ 2006 年 10 月在平罗县委谈发展思路

规范的运行程序和高效的运行速度是效率的两大要件。

▶ 1997 年春在山东大学为全省司法系统干部班培训

原则是太阳，灵活是月亮。

▶ 2000 年春在山东大学为鲁电变压器厂培训

言行合身份，风雨少、甘露多。

▶ 2008 年 10 月在中央党校中青班看新闻有感

多一份仁让，则多一份冷静。

▶ 2003 年秋在广饶县对以往工作的反思

多一份战略，则少一份后患。

▶ 2003 年秋在广饶县对以往工作的反思

多一份长远，则多一份潜力。

▶ 2003 年秋在广饶县对以往工作的反思

要把机构的代表人当神敬，敬神事安。

▶ 2008 年 10 月在中央党校中青班对社会现象的感悟

主动吃苦幸福，被动吃苦痛苦。

▶ 2009 年 3 月在石嘴山市政府谈先苦后乐

人生是一本历史，是一个账簿，子孙、社会一定会为你圈点、盘点。

▶ 2008 年 12 月在中央党校中青班谈人生

十二、让渡一定的自由和利益，才能巩固人与人的联合

最大的成功是结果成功。

▶ 2006年7月在平罗县委谈人的可持续

协作是事业的通道。

▶ 1989年秋在山东省委党校二年制研究生班为莱西县教育系统校长班培训

始终让别人赢一点，修养与亲和力就多一点。

▶ 2006年3月在平罗县委谈工作艺术

助手的潜能在于潜功。

▶ 2006年7月在平罗县委谈人的可持续

团结是第一政局。

▶ 2010年3月在石嘴山市政府谈两人以上的事业就必须团结

很多人赢了一阵子,输了一辈子。

▶ 1997 年 6 月在山东大学谈修养

赶路不要半路追兔子,否则会引偏了方向。

▶ 1998 年秋在山东大学对人生路障的思考

大行不在乎小让。

▶ 1998 年秋在山东大学对舍与得的思考

事业一忌腐败,二忌内讧。

▶ 1999 年秋在山东大学谈事业之忌

政治和谐是强势对弱势的妥协。

▶ 1999 年秋在山东大学谈事业之忌

强权是强势对强势的妥协。

▶ 1999 年秋在山东大学谈事业之忌

能否团结折射着主帅志向和能力。

▶ 2010 年 3 月在石嘴山市政府谈团结是政局的前提

善于使用“润滑剂”,事半功倍。

▶ 2010 年 3 月在石嘴山市政府谈团结是政局的前提

有矛就有盾，思想统一，则千矛对一盾。

▶ 2005年冬在平罗县委谈统一思想的作用

许多杂音是因为利益，而不是因为对错。

▶ 2005年冬在平罗县委谈统一思想的作用

团结第三世界相对容易。

▶ 2008年12月在中央党校中青班对社会现象的感悟

政治是艺术。

▶ 2008年8月在石嘴山市政府谈政治属性

大团结才有大收获。

▶ 1999年8月在山东大学对领导科学的思考

协作是借力的智慧。

▶ 1998年秋在山东大学为临沂真情集团培训

协作是人类生存的方式。

▶ 1998年秋在山东大学为临沂真情集团培训

人有其长必有其短，协作才有完美的力量。

▶ 2010年6月在石嘴山市政府谈防止个人英雄主义

每一个人不是万能的，独揽一切是违背科学的。

▶ 2010 年 6 月在石嘴山市政府谈防止个人英雄主义

相信干部的觉悟、相信干部的能力、相信国家的法纪，是下放权力的政治逻辑。

▶ 2003 年春在广饶县委对领导干部思维方式的思考

能人遍天下，国人思天下。

▶ 2001 年春在山东省委党校一年制中青班谈无为而治的社会基础

协作可以集中能量做专一的事。

▶ 1998 年秋在山东大学为临沂真情集团培训

没有协作就没有专业化。

▶ 1998 年秋在山东大学为临沂真情集团培训

组织的有机性在于协作性。

▶ 1998 年秋在山东大学为临沂真情集团培训

团队的能量在于协作。

▶ 1998 年秋在山东大学为临沂真情集团培训

善于协作既是品行也是能力。

▶ 1998 年秋在山东大学为临沂真情集团培训

人与人合作都有分裂的危险期，渡过难关就是胜利。

▶ 2000 年 6 月在山东大学谈共鸣的意义

相互适应，共生共赢。

▶ 1998 年秋在山东大学为临沂真情集团培训

相互制约才能相互提高。

▶ 1998 年秋在山东大学为临沂真情集团培训

大团结的实质是和而不同，并非是铁板一块。

▶ 2004 年 5 月在石嘴山市政府谈团结与协作

随和是一种合作。

▶ 2006 年 8 月在平罗县委谈团队精神

和就是有唱有随。

▶ 2010 年 6 月在石嘴山市政府谈协作

双赢才会来日方长。

▶ 1999 年秋在山东大学谈输一点是好事

生产力远比财富更重要。

▶ 2001 年秋在山东省委党校一年制中青班谈战略现象

每一位团队成员都能创造剩余价值。

▶ 1999年2月对马克思关于剩余价值的联想

着眼于团体的剩余价值是大家。

▶ 1999年2月对马克思关于剩余价值的联想

求全违背天道。

▶ 2008年11月在中央党校中青班谈自然规律

全胜会物极必反。

▶ 1999年秋在山东大学谈输一点是好事

非危不战，生存空间无限。

▶ 1996年10月在山东大学谈和为贵

除生死之事，不较劲也是辩证法。

▶ 2010年3月在石嘴山市政府谈合作

很多事情没有绝对的错误和正确。

▶ 2010年3月在石嘴山市政府谈合作

面子是失败的引子。

▶ 2010年3月在石嘴山市政府谈合作

决策定了向，部属要跟上。

▶ 2006 年 10 月检查平罗县新城区建设会战工地

人际和谐需自我降调。

▶ 1987 年春在山东大学对领导科学的思考

合节共鸣是一种愉快。

▶ 2000 年 6 月在山东大学谈共鸣的意义

阴阳互生，小败可以养大胜。

▶ 1999 年秋在山东大学谈输一点是好事

兵法中的大胜、全胜不是大智慧。

▶ 1999 年秋在山东大学谈输一点是好事

团队精神的实质是联盟与协作。

▶ 1998 年春在山东大学对鲁花集团与农民合作有感

官路是独木桥，挤来挤去天黑了，挤来挤去摔倒了。

▶ 2011 年 2 月在石嘴山市谈事也多途

十三、个人是种子，社会是气候

修养的目的是为了适应环境，共存共生。

▶ 1996 年 6 月在山东省决策咨询中心谈修养

礼邻敬上，功业有常。

▶ 1999 年秋在山东大学谈敬畏组织

善待上司，敬神事安。

▶ 1999 年秋在山东大学谈敬畏上司

对周边人多一份敬畏心，则多一份修养。

▶ 2007 年 8 月在吴忠市政府谈要尊重所有的人

强大了往往恃勇，弱小时往往凭智。

▶ 1996 年冬在山东大学为真情集团培训

任何人任何事物都有其致命的弱点，被攻必败。

▶ 2003 年 2 月在广饶县委谈放肆是祸源

互制才能平衡。

▶ 2003 年 2 月在广饶县委谈放肆是祸源

任何事物若没有天敌，其必将带来灾难。

▶ 2003 年 2 月在广饶县委谈放肆是祸源

逆社会偏见而行，可解除社会的有色眼镜。

▶ 1984 年夏在莱西县牛溪埠乡党委任组织干事有感

好的思想基础是可靠的人生财富。

▶ 2000 年冬在山东省决策咨询中心对人生现象的分析

艰苦升华，安逸退化。

▶ 2004 年 5 月在公选厅级干部任职会上的发言

大志抑小欲，远志抑近欲。

▶ 1997 年 4 月在山东省委政研室谈志与欲的关系

修养要与本能反其道而行之。

▶ 2008 年 12 月在中央党校中青班谈人生修养

成与败小环境更直接。

▶ 2004年8月在石嘴山市政府对工作有感

不同的历史时代偏重不同的人才。

▶ 2005年1月在平罗县委认为人才成长要逢其时

没有目标的人生是混。

▶ 1983年春在山东师范大学讲人生

没有步骤的目标是梦。

▶ 1983年春在山东师范大学讲人生

不同的时代造就不同的主流人才。

▶ 1987年春在山东大学谈选人要与主要任务相适应

少无功德，老无底气。

▶ 1998年夏在山东大学为鲁花集团培训

身体需要锻炼，心理需要历练。

▶ 2007年10月在石嘴山市政府谈修养与人生

心理历练要经风雨见世面。

▶ 2004年1月在广饶县委谈要磨炼心理韧性

逆境是心理历练的最佳期。

▶ 2008 年 9 月在中央党校中青班听民航局长李家祥报告有感

挫折是最好的历练。

▶ 2004 年 1 月在广饶县委谈要磨炼心理韧性

挫折能使人学到更多的东西。

▶ 1999 年秋在山东大学谈挫折也是金

挫折是升华的条件。

▶ 2004 年 1 月在广饶县委谈要磨炼心理韧性

逆境中成长的事物质更高。

▶ 2006 年冬在平罗县委与干部谈话

破坏性试验出真品。

▶ 1999 年秋在山东大学谈历练

负刺激是最高效的教育。

▶ 1999 年秋在山东大学谈历练

缺少苦味的人生营养不全。

▶ 1999 年秋在山东大学谈历练

接受批评是必不可少的历练。

▶ 1999 年秋在山东大学谈历练

任劳不任怨，功德减一半。

▶ 2000 年春在山东大学读《曾国藩》有感

任劳积功，任怨积德。

▶ 2000 年春在山东大学读《曾国藩》有感

吃苦者未必能吃亏，吃亏者未必能吃气。

▶ 2001 年冬在山东省委党校一年制中青班对曾国藩言论的分析

吃亏是高尚，吃气才伟大。

▶ 2001 年冬在山东省委党校一年制中青班谈修养

毅志就是挺过来。

▶ 1999 年秋在山东大学谈历练

小败是大胜的营养

▶ 2004 年 1 月在广饶县委谈要磨炼心理韧性

挫折是另一种形式的成功。

▶ 2004 年 1 月在广饶县委谈要磨炼心理韧性

负刺激是最好的正强化。

▶ 2010 年 1 月在石嘴山市政府谈什么可以使人认识最深刻

在责任面前,责己一度,素质提升一步。

▶ 1996 年 6 月在山东省决策咨询中心谈修养

多分析、研究、反省自己,会更自主、更明智、更和谐。

▶ 2003 年 12 月在广饶县委谈修养

多琢磨自己,少琢磨别人,才能轻装前进。

▶ 2000 年春在山东省委政研室对社会现象的思考

跳出自己的势力范围才能感悟到做事的艰难。

▶ 2003 年 12 月在广饶县委对修养方式的思考

奉献和付出是最简便易行的修养。

▶ 2005 年 4 月在平罗县委谈领导干部形象

过于坦率有时表现为欠修养。

▶ 2004 年夏在石嘴山市政府自警

修养和艺术体现于细节。

▶ 2007 年 10 月在石嘴山市政府谈细节与成功和修养

待人接物折射人和组织的深层素质。

▶ 2004 年秋在石嘴山市政府关于接待工作的思考

先做客人才会做主人。

▶ 1995 年 3 月在山东省委办公厅关于接待工作的思考

要善于培养“弹性”性格。

▶ 1999 年秋在山东大学自警

不能自制就不能自立。

▶ 2003 年春在广饶县委谈干部情商

愤怒和恐惧都会降低智商。

▶ 2010 年 5 月在石嘴山市政府谈受刺激时要冷静

少做过瘾的事，少说过瘾的话。

▶ 2001 年在山东省委党校一年制中青班自我反省

乱从舌生。

▶ 2003 年冬在广饶县委谈领导心理学

修养首先修心修嘴。

▶ 2007 年 10 月在石嘴山市政府谈修养与人生

言行过瘾，伤己伤人。

▶ 2001 年在山东省委党校一年制中青班自我反省

凡是多功能的器官既能使你成功，又能使你失败。

▶ 2003 年 10 月在广饶县委谈修养

嘴，有匕有角有止，既能伤人，又能止匕止角。

▶ 2003 年 10 月在广饶县委谈修养

过嘴瘾败事最简单。

▶ 2003 年 5 月在广饶县委谈慎言

祸福都在嘴里。

▶ 2003 年 10 月在广饶县委谈修养

人际和谐是一种享受。

▶ 1999 年秋在山东大学谈和谐

每一个人都生活在天、地、人大系统之中，没有绝对的自由。

▶ 1999 年秋在山东大学讲人受环境的制约

法律是专业的猫，犯罪是业余的鼠。

▶ 2007 年 10 月在石嘴山市政府对腐败落马干部的思考

法律是天网，犯罪是夜狐。

▶ 2007年10月在石嘴山市政府对腐败落马干部的思考

法纪是一张守株待兔的电网。

▶ 2007年秋在石嘴山市对一些现象的思考

违法违纪随时都可能鼠投猫怀。

▶ 2007年秋在石嘴山市对一些现象的思考

三代职业各异有助于延长家族兴旺的周期。

▶ 1996年秋在山东大学为富尔达集团培训

婚姻是家族的战略。

▶ 2006年秋在平罗县委对家庭现象的思考

十四、文化是社会的无形雕刀

文化是社会或组织的基因。

▶ 2000年冬在山东省委政研室有感山东省德州市变化

文化是看不见的社会雕刀。

▶ 2010年11月在石嘴山市政府谈文化是王道

道德是文化的主题。

▶ 2011年10月在石嘴山市政府谈文化的功能

在既定生产力下,道德决定着社会文明。

▶ 1992年冬在山东省委办公厅对科技负功能的思考

孝与礼是人区别于动物的标志。

▶ 2003年冬在广饶县委对社会上婚丧礼仪的思考

道德力是长治久安的力量。

▶ 2006 年 2 月在平罗县委谈实施“六个一”工程

文化是民族的血型。

▶ 2002 年秋在山东省委政研室为山东农业大学干部培训

道德、科技、艺术、法制是文化的主体。

▶ 2011 年 10 月在石嘴山市学习十七届六中全会精神时的讲话

教育辉煌与社会辉煌成正比。

▶ 2007 年秋在新加坡对教育与社会之关系的思考

教育能够改变社会基因。

▶ 2007 年秋在美国对教育与社会之关系的思考

时代永远拖着历史的影子。

▶ 2005 年冬在平罗县委谈当代与历史的关系

制度习惯化谓之礼。

▶ 2007 年 8 月在吴忠市政府对礼的分析

礼靠剑去养成。

▶ 2007 年 8 月在吴忠市政府对礼的分析

毛泽东的《论持久战》是在炮火连天的环境下形成的“火力”。

▶ 2000 年春在山东大学读《抗日战争史》

以柔克刚，文化为上。

▶ 1998 年山东省委党校二年制研究生班读《中外思想史》有感

文化是继经济、政治之后控制社会的无形的手。

▶ 2001 年 5 月在山东省委党校一年制中青班谈文化的价值

文化管理的核心是管理人心。

▶ 1999 年秋在山东大学谈文化管理

允许多元，培育主流，是文化建设的方针。

▶ 2008 年 11 月在中央党校中青班谈文化

经济力对社会的影响高效，文化力对社会的影响持久。

▶ 2001 年 5 月在山东省委党校一年制中青班谈文化的价值

文化是战略。

▶ 2008 年 9 月在中央党校中青班学习感言

文化是维系社会的总纲。

▶ 2008 年 1 月在石嘴山市政府谈文化建设

理论教化，文学感化。

▶ 2001年春在山东省委党校一年制中青班对社会变革的思考

改变人的观念必须改变人的文化。

▶ 2003年秋在广饶县委谈思想观念是一个地方的基因

改变物种须改变基因，改变社会须改变文化。

▶ 2000年冬在山东省委政研室感德州市变化

先进的知识分子是先进文化的启明星。

▶ 2001年春在山东省委党校一年制中青班对社会变革的思考

哲学革命和思想革命是人类解放的思想重炮。

▶ 2001年5月在山东省委党校一年制中青班谈哲学的力量

政治柔和，文化才能兴盛。

▶ 2001年5月在山东省委党校一年制中青班谈政治和文化

文化渊远流长是中国的国家基因。

▶ 2001年5月在山东省委党校一年制中青班谈文化的价值

文化对一个民族的影响比政治更久远。

▶ 2001年5月在山东省委党校一年制中青班谈文化的价值

民族之间的差异是文化差异。

▶ 2004年春在石嘴山市政府谈民族特点

文化才能使民族生生不息。

▶ 2001年5月在山东省委党校一年制中青班谈文化的价值

民族的灵魂是文化。

▶ 2006年秋在平罗县委谈民族精神

一个民族必须有自己的精神殿堂。

▶ 2006年春在平罗县委谈民族精神

文字和信仰是文化的根。

▶ 2003年秋在广饶县委对成吉思汗造蒙文的感悟

好的社风一靠道德二靠法制。

▶ 2007年8月在吴忠市政府对中央表彰道德模范的思考

富贵者重礼节。

▶ 2006年9月在平罗县委谈社会人的心理

精神处罚有利于救人心。

▶ 2006年春在平罗县委对新加坡鞭刑的思考

观念的形成需要灌输、诱导和强化。

▶ 2000 年秋在山东省决策咨询中心对领导科学的思考

灌输是认知的重要前提。

▶ 2008 年 9 月在中央党校中青班谈带队伍必须灌输

知识使人自觉，强制使人习惯。

▶ 2008 年 9 月在中央党校中青班谈知未必行

聚心、教化、监督是媒体对内的三大职能。

▶ 2005 年秋在平罗县委谈宣传工作

王道无近功，尽在默化中。

▶ 2008 年 8 月在石嘴山市政府谈教化

要防止落后文化对先进文化的同化。

▶ 2002 年 10 月在山东省委政研室谈文化互化

民族文化纯而又纯会阻碍外来生产要素的进入。

▶ 2006 年 10 月在平罗县委谈文化包容

宣传部是王道部。

▶ 2008 年 8 月在石嘴山市政府谈宣传部大有可为

文化认同越广，越有利于促进经济政治社会的融合。

▶ 2007年10月在石嘴山市政府对世界大语种功能的思考

民族之间的互化过程是人类择善的过程。

▶ 2007年8月在吴忠市政府在回族文化研讨会上的发言

有管理就有反抗，文化认同可以弱化反抗。

▶ 1999年秋在山东大学谈认同感在统治与管理中的作用

秦汉儒学是儆官励民的社会学。

▶ 1997年12月在山东大学谈新旧儒学的价值观

后儒学是护官愚民的教义。

▶ 1997年12月在山东大学谈新旧儒学

社会制度的差异不在于生产力而在于价值观。

▶ 2005年冬在平罗县委谈国家差异的本质

春秋战国和古希腊罗马是人类思想的两大策源地。

▶ 2001年秋在山东省中青班谈人类思想的黄金期

军队文化造就了军队的特殊战斗力。

▶ 2000年秋在山东省委政研室为企业培训

唐朝的民族联姻是血缘联盟战略。

▶ 1999 年夏在山东大学读史有感

联姻是民族团结根深蒂固的高招。

▶ 1999 年夏在山东大学读史有感

人是活文化的载体。

▶ 1999 年夏在山东大学读史有感

官员是传播、稼接文化的旗手。

▶ 1999 年夏在山东大学读史有感

官方推动是文化传播的关键。

▶ 1999 年夏在山东大学读史有感

文化传播的最佳战略是移民和联姻。

▶ 1999 年夏在山东大学读史有感

北魏孝文帝是中华民族大融合的先驱和圣祖。

▶ 1999 年夏在山东大学读史有感

教化可以救人心。

▶ 1997 年春在山东大学为司法系统干部班培训

炮火杀人,舆论救心。

▶ 2006 年 10 月在平罗县委谈舆论工作

理论对内,炮火对外。

▶ 1997 年春在山东大学为司法系统干部班培训

理论是炮火不可替代的。

▶ 2000 年春在山东大学读毛泽东《论持久战》

舆论有时胜于炮火。

▶ 1988 年 10 月在山东省委党校二年制研究生班重温真理标准大讨论有感

舆论可不战而屈人之兵。

▶ 2006 年 2 月在平罗县委谈学习沭阳精神

舆论可以引爆革命。

▶ 2010 年 8 月在石嘴山市政府新华社记者研讨会上的发言

十五、好帅要有远见

没有远见的事业，将被历史快速淘汰。

▶ 2003年秋在广饶县委谈领导角色

落后与先进相互同化。

▶ 2002年秋在山东省委政研室与山东农业大学干部交流

急功近利不可持续。

▶ 2007年春在石嘴山市政府对社会现象的思考

有先进的见识才有先进的思想。

▶ 2003年秋在广饶县委谈领导角色

解放思想要有宽广的眼界。

▶ 2003年秋在广饶县委谈领导角色

防止夜郎自大须走出夜郎。

▶ 2005年5月在平罗县委干部大会上的讲话

一领二导是领导者的两大角色。

▶ 2003年秋在广饶县委谈领导角色

远谋是一领二导的资本。

▶ 2006年6月在平罗县委谈正确决策的程序

动力问题是一切工作的根本问题。

▶ 1999年秋在山东大学著作《谋事论》

抓吏制是执政的总抓手。

▶ 2005年3月在平罗县委谈“一把手”工作

思想深度与领导潜力成正比。

▶ 1987年8月在莱西县委组织部谈表达

研究失败和灾难比研究成功和幸福更具战略性。

▶ 1994年春在山东省委办公厅谈教训的意义

做事有多个原则，但必须弄清什么是第一原则。

▶ 2007年秋在石嘴山市政府对领导活动的思考

要警惕把落后视为实事求是。

▶ 2005年5月在平罗县委谈工作

实事求是包括真善美。

▶ 2005年5月在平罗县委谈工作

民主是社会稳定的减压阀。

▶ 1997年10月在山东大学谈民主的意义

相互制约才能相互提高。

▶ 2006年8月在平罗县委对班子结构的思考

民主有利于智慧。

▶ 2006年9月在平罗县委谈民主作风

民主不是自由。

▶ 1999年秋在山东大学谈民主作风

认同感是政治向心力的基础。

▶ 2001年春在山东省委党校一年制中青班谈领导基础

研究新生代对执政很重要。

▶ 2008年12月在中央党校中青班谈新生代占人群的三分之一强

高压统治极易分崩离析。

▶ 2003 年 2 月在广饶县委谈秦朝

纪律产生执行力，民主产生创造力。

▶ 2006 年 3 月于平罗县委与干部谈话

权谋只能产生威慑力而形不成向心力。

▶ 2006 年 9 月在平罗县委谈民主作风

有人善干事未必善做官。

▶ 2010 年 3 月在石嘴山市政府谈干部要干事

做事业益世，做政客益己。

▶ 2010 年 3 月在石嘴山市政府谈干部要干事

为历史发展而做官是最不安逸的职业。

▶ 2005 年 6 月在平罗县委自警

觉悟需自上而下的感染。

▶ 1988 年冬在莱西县委组织部对领导活动的思考

将心比心，做事舒心。

▶ 1996 年春为烟台市企业经理培训班培训

自私是人生陷阱，傲慢是事业天堑。

▶ 1999 年秋在山东大学谈警惕人的弱点

心身正、思路明、作风硬是攻艰克难必具的主观条件。

▶ 2006 年春在平罗县委对领导干部干事、成事的思考

慎酒、远色、轻财是官员防祸的基本招数。

▶ 2008 年 1 月在石嘴山市政府谈修养

基数和绝对值重于系数。

▶ 1996 年秋在山东省决策咨询中心为富尔达集团培训

重视基数是战略家。

▶ 2000 年春在山东大学对政治家的分析

贪，是一颗高质量的定时炸弹。

▶ 1995 年秋在山东省委办公厅对反腐的思考

腐败首先阻碍发展，其次葬送自己。

▶ 2007 年 10 月在石嘴山市政府谈腐败之害

腐败案件是连环的地雷。

▶ 2007 年 10 月在石嘴山市政府谈腐败之害

人生的价值是一个复合指数,各有所长,各有所短。

▶ 2007 年 10 月在石嘴山市政府谈腐败之害

在文明的年代,政治斗争往往表现为经济斗争。

▶ 2007 年 10 月在石嘴山市政府谈腐败之害

腐败像老虎的尾巴,一掀尾巴虎必倒。

▶ 2000 年 1 月在山东省委政研室谈腐败之脆弱

防人不如自身正。

▶ 2000 年 1 月在山东省委政研室谈腐败之脆弱

自身正一身轻。

▶ 2000 年 1 月在山东省委政研室谈腐败之脆弱

好官既要做领头羊又要做牧羊人。

▶ 2003 年秋在广饶县委谈领导角色

百分之九十九的人是好人是基本的世界观。

▶ 2007 年 8 月在吴忠市政府谈相信大多数人

君臣同治才能大治。

▶ 2007 年 8 月在吴忠市政府读史有感

共振才能共鸣,共鸣才能共谋。

▶ 1995 年冬在山东省委办公厅谈思想一致的重要性

依靠群众才能多几双眼睛。

▶ 2006 年 10 月在平罗县委谈工作方法

把监督的尺子交给大众。

▶ 1987 年春在山东大学对领导科学的思考

群众是最坚硬的挡箭牌。

▶ 1999 年秋在山东大学谈改革与创新

多数人拥护的就是准合法的。

▶ 2010 年 3 月在石嘴山市政府谈民心的力量

官员要重视无形资产的积淀。

▶ 2007 年秋在吴忠市政府对高干落马的思考

有形资产管现在,无形资产管未来。

▶ 2007 年秋在吴忠市政府对高干落马的思考

有形资产助家,无形资产兴族。

▶ 2007 年秋在吴忠市政府对高干落马的思考

有形资产助子，无形资产助孙。

▶ 2007 年 10 月在宁夏工商联年会上的发言

面对有限的选择，只能改造不能抱怨。

▶ 2005 年 6 月在平罗县委自警

划小圈子成不了大事业。

▶ 1988 年冬在莱西县委组织部谈领导科学

为做官而做官是政客。

▶ 2005 年 6 月在平罗县委自警

做官的独特价值是号令千军万马改造社会。

▶ 2005 年 6 月在平罗县委自警

战略家、政治家是通过制度、政策间接地惠众。

▶ 2001 年秋在山东省委党校一年制中青班谈制度与政策

连锁思考有助于在全局中把握问题。

▶ 2006 年 12 月在平罗县委谈领导在遇到问题进行决策时要从全局和通盘考虑问题

有政治头脑者，目光会更长远。

▶ 1997 年秋在山东大学谈从政

政治要重视市场份额。

▶ 2003 年 3 月在广饶县委谈党的形象

统一战线适用于一切领域。

▶ 2000 年 10 月在山东省委政研室谈新形势下的统一战线

只有合理才能持久。

▶ 2000 年春在山东大学为鲁电变压器厂培训

歌功颂德是最舒适的麻醉药。

▶ 2000 年冬在山东省决策咨询中心对社会现象的思考

要少听下属抬轿、吹号、搔痒的话。

▶ 2006 年 3 月在平罗县委自警

监督是外来的手术刀。

▶ 2005 年 4 月在平罗县委新闻媒体座谈会上的讲话

不怕亮丑不护短，才能善用外来的手术刀。

▶ 2005 年 4 月在平罗县委新闻媒体座谈会上的讲话

反腐败，既要惩官又要建制。

▶ 2003 年 2 月在广饶县委谈制度建设

既要反贪官又要反庸官。

▶ 2008 年 10 月在中央党校培训

庸官和懒官荒废发展机遇，对社会犯着隐形的罪恶。

▶ 2008 年 10 月在中央党校培训

舍得实践成本才能真正地培养和识别人才。

▶ 2006 年 10 月在平罗县委对干部工作的思考

人的精神在于不断地刺激。

▶ 1995 年冬在山东省委办公厅谈人的精神来源

领导干部要有主见。

▶ 2008 年 11 月在中央党校中青班谈干部教育形式

参谋与操纵取决于主帅是否有主见。

▶ 2005 年 6 月在平罗县委谈民主

没有主见的主帅不是真正的主帅

▶ 2005 年 6 月在平罗县委谈民主

若没有主意，用干部就没有方向。

▶ 2007 年 8 月在吴忠市政府谈工作思路是用干部的前提

发扬民主不等于没有主见。

▶ 2004年春在石嘴山市政府谈“一把手”要有主见

主帅必须形成主导的执政地位。

▶ 2010年6月在石嘴山市政府谈副职要维护主帅

政治主帅要出主意，用干部，调情绪，抓舆论，抓重点，抓监督。

▶ 2007年3月在平罗县干部会上的讲话

政府主帅主要出主意，分任务，看结果，抓监察，抓审计。

▶ 2007年10月在石嘴山市政府谈政府正副职分工

用人导向和发展方略是聚心聚力的两面旗帜。

▶ 2006年秋对区党委执政方略有感

远见必须有系统观和整体观。

▶ 2000年秋在山东省决策咨询中心参观姜太公庙对人生的感悟

授权必须制衡。

▶ 1996年春在山东省委办公厅为鲁花集团培训

庙大和尚香，庙小和尚轻。

▶ 2000年春在山东省委政研室谈人与组织的关系

官府是太阳，官员是月亮。

▶ 1987年冬在莱西县委组织部谈人与组织的关系

只盯眼前得与失，必然是急功近利。

▶ 2010年4月在石嘴山市政府谈发展战略

战略是牺牲眼前小利益谋求未来的大利益。

▶ 2005年秋在平罗县委对决策工作的思考

凡是战略的东西都已蕴含着政治。

▶ 2008年2月在石嘴山市政府谈战略行为的性质

有的战略，一旦公布，就不再是战略。

▶ 2002年春在山东省委政研室谈有的国家战略需要保密

战略问题决不能完全以经济效益为前提。

▶ 2007年11月在美国对美国国家战略的思考

政治CEO要以政治战略看待所有战略。

▶ 2007年11月在美国对美国国家战略的思考

对战略性的东西看准了方向就要行动。

▶ 2006年5月在平罗县委谈政治家做事不同于科学家

财富不等于现代化。

▶ 2000 年 1 月在山东省委政研室对阿拉伯石油国及我国某些现实的思考

政府对敌对势力要多行动，少辩论。

▶ 2002 年秋在山东省委政研室谈法治

政治家看准了方向就干。

▶ 2005 年秋在平罗县委谈决策

科学家算准了数字才行动。

▶ 2005 年秋在平罗县委谈决策

主观、宗派、官僚是一切组织必须解决的问题。

▶ 2006 年 3 月在平罗县委与干部谈话

少做人云亦云和以追赶为己能的事。

▶ 2006 年 10 月在平罗县委谈工作

扶弱助小既是道德又是战略。

▶ 2010 年 8 月在石嘴山市政府与同志交谈

对人要包容，谋事要远见。

▶ 2005 年 2 月在平罗县委谈平罗精神

不同的角色其威信的支点各异。

▶ 2004年秋在石嘴山市政府谈“一把手”威信的支点

主帅的威信来自轰轰烈烈的事业而不是人缘。

▶ 2007年2月有感于平罗县人民对我调离后的肯定

跨代培养后备力量是战略家。

▶ 2006年8月在平罗县委对我们党培养年轻干部的感慨

主帅要多讲和谐，少讲对立。

▶ 2003年冬在广饶县委谈领导心理学

十六、好帅应该是情商支配智商的专家

菩萨心、霹雳剑是优秀主帅的两件宝。

▶ 2008年11月在井冈山谈领导素质

决心不铁，标准不高，手段不硬，则做不成大事，干不出好事。

▶ 2007年冬在石嘴山市政府对自治区领导指导工作有感

政治家是产妇，评论家是接生婆，接不接都要生。

▶ 1999年秋在山东大学谈政治家的特性

放不下小事，就抓不了大事。

▶ 2010年7月在石嘴山市政府干部大会上讲话

大事要自己想。

▶ 1989年春在山东省委党校二年制研究生班谈领导的职责

主帅未必亲自做事，但必须亲自想大事。

▶ 2006 年 12 月在平罗县委心得

礼大伤国是鲁国之训。

▶ 2000 年春在山东省委政研室对鲁国早亡的原因分析

推进工作要始于阳刚趋于中正。

▶ 2003 年 2 月在广饶县委读《周易》《论语》有感

推动发展的“骂名”越大，历史对你的记忆越深。

▶ 2011 年 2 月在石嘴山市政府对工作的感悟

早谋才主动。

▶ 2003 年 6 月在广饶县委对决策的思考

外方内圆，事业稳健。

▶ 2012 年 4 月在石嘴山市政府谈情商的最高境界

平静是一种自制的情商。

▶ 2012 年 4 月在石嘴山市政府谈情商的外延

主帅在士兵面前永远要精神十足。

▶ 2003 年春在广饶县委谈领导精神对下属的感染力

任性必然无谋。

▶ 2000年春在山东大学读《史记》有感

汉景帝与唐太宗轻言废立太子致群臣分裂。

▶ 2000年春在山东大学读《史记》有感

崇祯杀崇焕是明朝国难，只因君疑臣，被范文程反间，明朝灭亡就这么简单。

▶ 2003年1月在广饶县委读《明史》有感

疑而证之，利人利己。

▶ 1999年8月在山东大学对领导科学的思考

怀疑可以产生心理误导。

▶ 1999年8月在山东大学对领导科学的思考

粗中有细，出其不意。

▶ 2006年10月在平罗县委对人的观察

少请示多汇报有益创造。

▶ 2008年1月在石嘴山市政府谈用激情工作

平静出艺术。

▶ 2007年11月谈智者多表现为平静

从长计议就会不躁不急。

▶ 2007 年 9 月在吴忠市谈工作要树立长久之心

善始方善终，善量方善质。

▶ 2007 年 8 月在吴忠市政府谈事物变化

学者的观点未必都是真理，但不可不理。

▶ 2005 年 6 月在平罗县委谈民主

主帅若不是动力就是阻力。

▶ 2007 年冬在石嘴山市政府谈主帅的重要性

主帅要着重追求话语权，且莫贪恋操办权。

▶ 2010 年 7 月在石嘴山市政府干部大会上讲话

主帅要多看结果，少揽权力。

▶ 2010 年 7 月在石嘴山市政府干部大会上讲话

操办权是辛苦加风险的权力。

▶ 2010 年 7 月在石嘴山市政府干部大会上讲话

善于找问题才能促进协调发展。

▶ 2006 年 10 月在平罗县委谈地方工作

真心倾听才能真正发现问题。

▶ 2006 年 10 月在平罗县委谈地方工作

地方官要一手抓流水的经济，一手抓持久的符号。

▶ 2009 年 6 月在石嘴山市政府对如何抓工作的思考

号召加指导，执行才高效。

▶ 2007 年冬在石嘴山市政府对自治区领导指导工作有感

指导的前提是研究。

▶ 2007 年冬在石嘴山市政府对自治区领导指导工作有感

要把下决议与抓典型结合起来。

▶ 2007 年秋在吴忠市政府对中央表彰道德模范的思考

从分析人入手是推动工作的根本方法。

▶ 1992 年秋在山东省委政研室谈方法与成事的关系

事必躬亲的范围大，频率高，做成大事的可能性越小。

▶ 2005 年 10 月在平罗县委谈“一把手”要自己想事，让别人干事

工作千头万绪，人是第一绪。

▶ 2000 年春在山东省委政研室谈人重要性

要始终抓干部的观念、作风和能力。

▶ 2007 年 8 月在吴忠市政府谈"一把手"的杠杆

人是土壤，先耕后种。

▶ 2003 年 5 月在广饶县委对领导角色的思考

一要开发人心，二要开发人脑。

▶ 2003 年 5 月在广饶县委对领导角色的思考

表扬是无成本的奖励。

▶ 2003 年 5 月在广饶县委对领导角色的思考

表扬可以开发人的潜能。

▶ 2003 年 5 月在广饶县委对领导角色的思考

抓班子带队伍必须调情绪。

▶ 1999 年秋在山东大学谈互动与交流对领导活动的意义

调心、理气、定向、造势是主帅的大智慧。

▶ 2003 年 5 月在广饶县委对领导角色的思考

沟通有调心、理气、活血、化淤之功。

▶ 2003 年 5 月在广饶县委对领导角色的思考

思想工作是低投入高产出的领导环节。

▶ 2003 年 5 月在广饶县委对领导角色的思考

领导行为要双向互动。

▶ 1999 年秋在山东大学谈互动与交流对领导活动的意义

沟通是重要的工作。

▶ 2003 年 5 月在广饶县委对领导角色的思考

沟通才能赢得主动。

▶ 2000 年春在山东大学为河北中捷集团培训

尊不等于怕。

▶ 2003 年 3 月在广饶县与秘书谈话

盲目不等于实在。

▶ 2003 年冬在广饶县委认为说话做事要防止盲目性

沟通上、下、邻可打通信息的屏障和感情的围墙。

▶ 2005 年冬在平罗县委谈沟通

拨动了人心可以四两拨千斤。

▶ 2006 年 9 月在平罗县委谈要善于用心理学推动工作

程序科学则结果科学。

▶ 2008 年 11 月在中央党校中青班谈工厂的工艺是程序

做事要注意程序美。

▶ 2003 年 5 月在广饶县委对领导角色的思考

美的程序可感化人心。

▶ 2003 年 5 月在广饶县委对领导角色的思考

用工作程序调动积极性可低投入高产出。

▶ 2005 年 2 月在平罗县委谈程序合理就是艺术

领导要长于造势,管理要善于控场。

▶ 1999 年秋在山东大学谈领导与管理的区别

造势性会议宜大不宜小,落实性会议宜小不宜大。

▶ 1999 年秋在山东大学谈领导与管理的区别

坚决地呵护先进的生产力。

▶ 2005 年冬在平罗县委谈支持干部工作

立竿见影的奖赏更具推动力。

▶ 2003 年 5 月在广饶县委谈奖励

要让能干事的人在政治、经济上立竿见影。

▶ 2003 年 5 月在广饶县委谈奖励

大胆回报事业上拼命的人。

▶ 1988 年秋在山东省委党校二年制研究生班对领导科学的思考

正职是总设计师，副职是工程师。

▶ 2003 年 6 月在广饶县委谈正副职

总设计师要知识广博。

▶ 2003 年 6 月在广饶县委谈正副职

正职要指点方向，整合资源。

▶ 2009 年 2 月在石嘴山市政府谈正职的工作重点

正职多做乘号，副职多做加号。

▶ 1987 年春在莱西县委组织部对领导科学的思考

正职抓战略，副职抓战术。

▶ 1999 年秋在山东大学对领导科学的思考

主官管目标，副官管过程。

▶ 1999 年秋在山东大学对领导科学的思考

主官要尽量只做副官不能做的事。

▶ 1999 年秋在山东大学对领导科学的思考

正职须心胸豁达,副职须冲锋陷阵。

▶ 2003 年 6 月在广饶县委谈正副职

副职的后劲在潜功。

▶ 2003 年 6 月在广饶县委谈正副职

战略定方向,战术定手段。

▶ 1999 年秋在山东大学对领导科学的思考

要研究如何释放干部群众的激情。

▶ 2006 年 6 月在平罗县委谈要激活千军万马

动力问题是唤起民众的首要问题。

▶ 2006 年 6 月在平罗县委谈要激活千军万马

政治家不可直惠于人,直惠失众。

▶ 2006 年冬在平罗县委谈用政策安排大中专学生

要以理想和利益唤起民众。

▶ 2006 年 9 月在平罗县委谈工作方法和号召力

什么工作都要依靠基层，依靠大众。

▶ 2003 年 6 月在广饶县委谈群众的力量

政府要强基层，抓典型。

▶ 2006 年秋在平罗县委谈工作强基础的意义

管人必须管思想。

▶ 1999 年秋在山东大学谈互动与交流对领导活动的意义

让思想阵痛是政治保健。

▶ 1999 年在山东大学谈互动与交流对领导活动的意义

批评与自我批评是无形的“手术刀”

▶ 1999 年秋在山东大学谈工作方法

民主生活会是秃子集体脱帽的好形式。

▶ 2005 年 6 月在平罗县委谈集体亮丑是好形式

既要小民主，又要小整风。

▶ 1999 年秋在山东大学谈管理技巧

一个权力中心不等于一个权力支点。

▶ 1998 年秋在山东省决策咨询中心为临沂真情集团培训

多一份集权，少一份动力。

▶ 1998 年秋在山东省决策咨询中心为临沂真情集团培训

主帅一要下放权力，二要保护干部。

▶ 2005 年 2 月在平罗县委谈工作方法

工作权力要分散，一旦滥用要严办。

▶ 2005 年 2 月在平罗县委谈工作方法

有错必纠不等于有错必究。

▶ 1997 年春在山东省委政研室为企业培训

集权者多小器，放权者多大器。

▶ 2000 年春在山东省决策咨询中心读历史人物传记有感

菩萨与包公不可错位。

▶ 1985 年春在山东大学为企业培训

缰紧马静，缰活马跃，缰失马狂。

▶ 1996 年春在山东省决策咨询中心为鲁花集团培训

执缰方有马温顺。

▶ 1996 年春在山东省决策咨询中心为鲁花集团培训

不倡则行、不纠则纵是人之本性。

▶ 1997 年秋在山东省委政研室谈行为心理

要重现引导团队的注意力。

▶ 1997 年 12 月在山东大学对管理团队的思考

引导团队多看星星少看角落。

▶ 1997 年 12 月在山东大学对管理团队的思考

很多工作像考试作文，脱离主题是零分。

▶ 2007 年 6 月在石嘴山市政府对部门工作的要求

用比较引导反思。

▶ 2007 年 8 月在吴忠市政府谈工作方法

现场办公可以推动地方与部门互促。

▶ 2006 年春在平罗县委谈工作方法

境界体现于目标，本事体现于招数。

▶ 2004 年 8 月在石嘴山市政府谈招数的作用

成功不在于定目标，而在于能否实现目标。

▶ 1997 年 6 月在山东省委政研室谈执行力

同样的目标因不同的路径和手段会产生不同的结果。

▶ 1997 年秋在山东省委政研室谈手段决定目标的实现

更大的学问是实现目标的方法问题。

▶ 2003 年 4 月在广饶县委谈要研究抓落实的方法

目标确定之后关键在技术。

▶ 2004 年 5 月在石嘴山市政府谈要研究抓落实的方法

有规模才有冲击波。

▶ 2007 年 5 月在石嘴山市政府谈要有冲击波必须做规模

将心比心才能发现自己的问题。

▶ 2000 年春在山东省委政研室读《道德经》有感

立足于相对方，工作方顺畅。

▶ 2000 年冬在山东省委政研室再读《道德经》有感

从反面入手更易达到正面的效果。

▶ 2000 年冬在山东省委政研室再读《道德经》有感

要以阴制阳，以阳制阴。

▶ 2000 年冬在山东省委政研室再读《道德经》有感

解决复杂问题需要过程和时间。

▶ 2009 年 12 月在石嘴山市政府谈时运对解决问题的重要性

示范是最好的动员。

▶ 1992 年春在山东省委政研室调研有感

典型是直观的经验。

▶ 1992 年春在山东省委政研室调研有感

要用科学、效率、成本去检验执政效能。

▶ 1999 年秋在山东大学谈现代政府是特殊的企业

体制机制、发展战略、选人用人是执政的大纲。

▶ 2007 年 12 月在石嘴山市人代会上的发言

能方能圆，事业无限。

▶ 2012 年 2 月在石嘴山市政府谈为官

和谐主要是靠妥协去实现。

▶ 2012 年 4 月在石嘴山市政府对和谐的再认识

十七、没有小民主，必致大自由

政治的核心是人心。

▶ 2008 年 10 月在中央党校中青班谈政治的本质

处于社会底层的人最容易被引导。

▶ 2007 年秋于美国对社会现象的分析

若没有民主渠道，最底层的人的反抗手段往往是暴力。

▶ 1997 年秋在山东省委政研室谈民主的意义

媒体和书市是时代潮流的荧光屏。

▶ 1996 年春在山东省委政研室谈了解社会

民谣折射情绪。

▶ 1991 年秋在山东省委政研室谈社会脉搏

社会情绪是政治的晴雨表。

▶ 1992 年春在山东省委办公厅对稳健管理的思考民众参政广泛

不要怕杂音，怕得是隔绝了杂音。

▶ 2010 年 3 月在石嘴山市政府谈人民议政

周朝设采诗官以诗查民情，设庠校以听证。

▶ 1992 年春在山东省委办公厅对稳健管理的思考

官理民，民评官，要有秩序地阶段性互动。

▶ 1997 年 5 月在山东省委政研室对“三讲”意义的思考

听民声才能知民意，维民权才能得民心。

▶ 2010 年 6 月在石嘴山市政府谈人民来访

听民声、知民意、维民权，既能亲民、又能察官。

▶ 2010 年 6 月在石嘴山市政府谈人民来访

社会问题影响政权的根基。

▶ 2008 年 1 月于石嘴山市政府谈社会是政权的土壤

满足大多数人需求的政治，其生命力长久。

▶ 2001 年 5 月于山东省委党校一年制中青班谈政治问题

广开议政渠道，可提高信息时效。

▶ 2001 年夏在山东省委党校一年制中青班谈与社会互动

社会的抱怨点就是政府的创新点。

▶ 2005 年 4 月在平罗县委谈借民意推动工作

开辟释放社会情绪的渠道可以防止社会危机。

▶ 2009 年 5 月在石嘴山市政府谈开办人民议政网的意义

要用事业引导群众、激励群众、吸引群众。

▶ 2005 年冬在平罗县委谈群众的力量

维护少数人的和谐就会失去多数人的和谐。

▶ 2005 年冬在平罗县委谈构建和谐社会必须敢在触及和解决矛盾

构建和谐社会需要不断地解决矛盾。

▶ 2005 年冬在平罗县委谈构建和谐社会必须敢在触及和解决矛盾

上谅下，大谅小，富谅贫才是健康的社会。

▶ 2009 年 8 月在石嘴山市政府谈和谐社会

人民内部矛盾只有通过交换才能解决，不可强买强卖。

▶ 2006 年冬在平罗县委谈工作方法

主动说，说真相、说行动、说现状是重大事件新闻发布会的要点。

▶ 2009年4月在石嘴山市政府谈突发事件

公平和正义是社会舆论最关注的焦点。

▶ 2009年4月在石嘴山市政府谈突发事件

公平体现于相称的比值。

▶ 1999年秋于山东大学认为公平不是绝对值

利益冲突是社会冲突的根源。

▶ 2003年春在广饶县委接受记者采访

价值是A对B的满足。

▶ 2004年秋在石嘴山市政府对价值评判现象的分析

判断社会领域之是非，立场极为重要。

▶ 2001年春在山东省委党校一年制中青班对政治问题的思考

利益当事人一般以利益得失为是非标准。

▶ 2001年春在山东省委办公厅对领导活动的思考

真理在利益的左右下不可能人人都拥护。

▶ 2007年秋在石嘴山市政府对一些现象的思考

真理代替不了利益。

▶ 2007年秋在石嘴山市政府对一些现象的思考

政治是通过过程去实现的。

▶ 2005年11月在平罗县委分析工作

十八、缓猛交替，必有盛世

政府一要服务多数，二要强制少数。

▶ 2002 年 12 月在广饶县委谈公安工作

与时代俱进、与世界俱进是政党长期不衰的哲学根源。

▶ 2000 年 1 月在山东省委政研室所撰论文

民主制是共同体内部的自治政体。

▶ 2001 年秋在山东省委党校一年制中青班谈制度

集权制是以巩固统治为前提的政体。

▶ 2001 年秋在山东省委党校一年制中青班谈制度

民主的政治稳健，集权的政治高效。

▶ 2001 年秋在山东省委党校一年制中青班谈制度

集权制是军队与企业必须坚持的主导体制。

▶ 2001 年秋在山东省委党校一年制中青班谈制度

集权制是机械的，民主制是有机的。

▶ 2001 年秋在山东省委党校一年制中青班谈制度

世界政体的趋势将是民主制与集中制的融合。

▶ 2001 年秋在山东省委党校一年制中青班谈制度

物理现象或社会现象都是弹性优于刚性。

▶ 2010 年春在石嘴山市政府谈社会管理的方向

除军事组织外，弹性管理高于刚性管理。

▶ 2010 年春在石嘴山市政府谈社会管理的方向

弹性社会解放生产力。

▶ 2010 年春在石嘴山市政府谈社会管理的方向

稳定大了无活力，活力大了不稳定。

▶ 2010 年 4 月在石嘴山市政府谈社会调控

民主是政治的方式，人权是生存的方式。

▶ 2001 年秋在山东省委党校一年制中青班谈制度

大众监督是政治保健。

▶ 1997 年春在山东大学为山东司法系统干部班培训

对事要猛，对人要慈。

▶ 2000 年 1 月在山东省委政研室谈官德

对官要猛，对民要善。

▶ 2000 年 1 月在山东省委政研室谈官德

剑与笔是历史的两个本原符号。

▶ 2000 年春在山东大学读史有感

在阶级社会中过于理想化往往是失败的思想原因。

▶ 2000 年秋在山东省委政研室谈法制

若从善始，一切皆可施。

▶ 2001 年冬在山东省委党校一年制中青班谈工作方法

大仁必须纠不仁。

▶ 2000 年春在山东大学谈孔子的仁政

只要济世，可以破清规。

▶ 2007 年 8 月在吴忠市政府读《朱元璋》有感

政猛经缓,权固物兴。

▶ 1996年冬在山东大学对唐代武则天执政时期的感想

理导之,法催之,礼慰之。

▶ 1998年春在山东省委政研室谈工作方法

统治靠刑赏,统御靠文化。

▶ 1999年秋在山东大学谈统御力

群众造世,精英治世。

▶ 1999年秋在山东大学谈人类历史现象

对巩固政权而言,民富比国富更重要。

▶ 1997年8月在山东大学读秦隋灭亡的原因

政治文明的关键点是民主、法制和服务型政府。

▶ 2007年10月在石嘴山市收看十七大实况有感

统治是霸道,统御是王道。

▶ 1999年秋在山东大学谈统御力

对直言者要善解。

▶ 2007年8月在吴忠市政府读史有感

矩阵式管理体制有利于条块互补、互保、互制、互动。

▶ 1996 年冬在山东大学读史有感

强大才有主动权。

▶ 2003 年 7 月在广饶县委对事物的分析

强大才伟大。

▶ 2002 年 8 月在山东省委政研室对人生成长的思考

古今成功者都是霸道与王道之兼容。

▶ 1992 年冬在山东省委办公厅谈历史人物

只柔不刚无以成王，只刚不柔无以久王。

▶ 2006 年 2 月在平罗县委对秦国兴衰的思考

发展尚齐，守成尚鲁。

▶ 2000 年 1 月在山东省委政研室谈齐鲁文化差异

兵法，霸中有王。

▶ 1997 年冬在山东省决策咨询中心读《孙子兵法》有感

礼制，王中有霸。

▶ 1997 年冬在山东省决策咨询中心读《孙子兵法》有感

霸者，凭势；王者，尚化。

▶ 1998年秋在山东大学读史有感

霸者，责归于民；王者，责归于君。

▶ 1998年秋在山东大学读史有感

无霸无以成王，鲁也；纯霸无以久王，秦也；先霸后王，王霸并用，齐也。

▶ 1998年秋在山东大学读史有感

政治家、军事家、企业家铁腕人物居多。

▶ 2005年春在平罗县委谈企业家

十九、服务是执政的资本

在服务中管理才能管出向心力。

▶ 2003年5月在广饶县委谈服务与管理的关系

服务是最有效的支配。

▶ 1987年秋在莱西县委组织部为企业培训

利益是社会的神经。

▶ 2005年4月在平罗县委谈改革

百姓讲理又讲利，道理利益要统一。

▶ 2011年10月在石嘴山市政府所作《公务员之歌》

经济收入水平决定思维方式。

▶ 2008年11月在江西省井冈山谈经济的基础性

社会工作是一个过程，时缓则圆。

▶ 2006 年冬在平罗县委自警

社会的核心问题是公平与正义。

▶ 2007 年 10 月在石嘴山市政府收看十七大实况有感

对社会纠纷多仲裁少判决可减少社会积怨。

▶ 2006 年 3 月在平罗县委谈强化仲裁机构

用于民生的钱往往四两拨千斤。

▶ 2003 年 5 月在广饶县委谈经济发展的载体

政务公开，一开百开。

▶ 1999 年秋在山东大学谈阳光管理

没有经济基础的公民，腰杆是“缺钙”的。

▶ 2001 年冬在山东省委政研室谈经济的意义

财是民之心。

▶ 1997 年 5 月在山东省委政研室为济南市国税系统培训

财政是 360 日的政治。

▶ 2006 年秋在平罗县委谈财政的政治意义

经济工作要富农民、富市民、富财政。

▶ 2007 年 8 月在吴忠市政府干部会上的讲话

政府要抓好大民政、大财政、大市政。

▶ 2002 年春在广饶县政府谈政府职能

政府要管理社会之乱为，承担社会之不为。

▶ 2005 年 2 月在平罗县委谈政府职能

用教育济困和产业济困才能从根本上济困。

▶ 2006 年 6 月在平罗县委谈扶贫方式

要把扶贫的重点放到孩子身上。

▶ 2006 年 6 月在平罗县委谈从根本上扶贫

公租和廉租住房是政府必须掌握的政治资本。

▶ 2006 年 8 月在平罗县委接受《经济日报》采访

用企业理念管理政府才是现代政府。

▶ 2001 年 5 月在山东省委党校一年制中青班的培训

政府要创品牌，讲效率，研究投入产出比。

▶ 2004 年夏在石嘴山市政府谈政府是服务类企业

低标准、保基本的社保方针可预防社会惰性。

▶ 2010 年 4 月在石嘴山市政府谈完善社保体制

管理社会是执政的大问题。

▶ 2010 年 2 月在石嘴山市政府干部大会上的讲话

社会和谐归根到底是心的和谐。

▶ 2006 年 5 月春在平罗县委谈和谐社会要研究不同阶层的心理

社会和谐的基础是人人有饭吃,人人能讲话。

▶ 2006 年 5 月春在平罗县委谈和谐社会要研究不同阶层的心理

穷人用生命换一切,富人用一切换生命。

▶ 2007 年秋在美国对社会现象的分析

社会是土壤,一靠权力耕,二靠文化耘。

▶ 2008 年 4 月在石嘴山市政府谈管理社会

二十、社会要稳，工农是根

我们靠工农生产的实物财富而生存。

▶ 2010年12月在石嘴山市政府对社会现象有感

创造财富者和整合财富者共同创造着社会。

▶ 2010年12月在石嘴山市政府对社会现象有感

劳动接生财富。

▶ 1992年春在山东省委办公厅认为劳动方式多样性，但必须劳动

实物财富的创造者供养着社会

▶ 2012年10月在石嘴山市政府谈工农是衣食父母

有活干，能养家，诉诉苦是工农必须维护的权利。

▶ 2011年11月在石嘴山市政府谈换位思考才能更好的为人民服务

最底层的群众，如果有理讲不通，难免诉诸暴力。

▶ 2011 年 11 月在石嘴山市政府谈换位思考才能更好的为人民服务

人类有史以来，实物财富的创造者吃不上佳肴，穿不上好衣，住不上好楼，坐不上好车。

▶ 2011 年 11 月在石嘴山市政府谈要感激同情工农

社会分工成为不公平的借口，价值链背离了实物生产者的劳动价值。

▶ 2011 年 5 月在石嘴山市政府谈市场经济同样会偏离经济规律

社会组织化程度低的群体无力抗御不公。

▶ 2011 年 5 月在石嘴山市政府谈市场经济同样会偏离经济规律

群众的伟大在于群脑、群眼、群耳、群嘴、群力。

▶ 2003 年冬在广饶县委谈群众的力量

群众的诉求一旦形成群体的力量，会出现排山倒海之势。

▶ 2011 年 4 月在石嘴山市政府谈敬畏工农

群众的伟大在于群体大、领域广、第一线、视角多、体验深。

▶ 2011 年 4 月在石嘴山市政府谈敬畏工农

基数大的事无小事。

▶ 2011 年 4 月在石嘴山市政府谈敬畏工农

同样的事物，规模与冲击力成正比。

▶ 2011年4月在石嘴山市政府谈敬畏工农

孩子连人心，连未来，政府重视孩子是大战略。

▶ 2011年4月在石嘴山市政府谈敬畏工农

要借民怨解民忧。

▶ 2011年3月在石嘴山市政府谈社会管理

敢于、善于广开言路才能借助民意民怨推动工作。

▶ 2005年春在平罗县委谈言路

广开言路可避免政治危机。

▶ 2008年2月在石嘴山市政府谈要开设人民议政网

良好的风气是自上而下带出来的。

▶ 2008年2月在石嘴山市政府谈要开设人民议政网

为了谁？依靠谁？是政党执政的首要问题。

▶ 2002年秋在山东省委政研室谈历史唯物主义

从来没有救世主的思想是真正的民本思想。

▶ 2006年冬在平罗县委谈发动和依靠群众

官以公为重,民以利为主。

▶ 2000年冬在山东省决策咨询中心对社会角色的思考

到基层调研既是工作方法又是群众情感。

▶ 2009年9月在石嘴山市政府谈基层调研

人民内部矛盾,根源在官不在民。

▶ 2006年10月在平罗县委谈官民矛盾

解放人是解放生产力的第一环节。

▶ 2006年9月在平罗县委干部大会上的讲话

上谅下,大谅小,富谅贫,可以慰民心,稳社会。

▶ 2011年3月在石嘴山市政府谈社会管理

法治教育、科技教育、公德教育,要天天讲,月月讲,年年讲。

▶ 2012年2月在意大利的思考

教化之法莫高于歌与谣。

▶ 2012年2月在石嘴山市对歌谣之功的感悟

二十一、大的决策都面临着断指或断臂的抉择

主帅是进、退、守的关键。

▶ 2007年冬在石嘴山市政府谈主帅的重要性

进退两难之时必须进。

▶ 2007年冬在石嘴山市政府谈主帅的重要性

什么阶段抓什么事，不出大事。

▶ 2006年10月在平罗县委谈地方工作

政策是万能的资源。

▶ 1988年10月在山东省委党校二年制研究生班对领导科学的思考

透过数理看本质。

▶ 2002年秋在山东省委政研室与山东农业大学干部沟通

决策数字就是决策政策。

▶ 1998 年秋在山东大学感到数量意识的意义

要树立用数字说话的意识。

▶ 1992 年冬在山东省委办公厅谈数字的作用

发展理念、发展战略和发展动力是促发展的大方向。

▶ 1998 年秋在山东大学为临沂真情集团培训

生产力、生产关系和生产方式是促发展的路径。

▶ 2006 年 4 月在平罗县委对社会变革的思考

领导者不动脑不思考是最大的失职。

▶ 1999 年秋在山东大学谈工作方法

静思理题是主帅不可缺少的工作环节。

▶ 1999 年秋在山东大学谈工作方法

政治要冷静，经济要繁荣。

▶ 2000 年 5 月在山东大学谈战争少的地区经济繁荣

古今中外，政治上冷静的地方，往往经济上繁荣。

▶ 2000 年春在山东大学谈中国南北方经济史

让事物充分展现方可对其充分认识。

▶ 1999年秋在山东大学谈展是识的条件

观察是主政者重要的工作方法。

▶ 2008年2月在石嘴山市政府谈主政要善用观察

在观察中可以酿造应对的智慧。

▶ 2008年12月在中央党校中青班谈观察是好办法

东风是不可忽视的天机。

▶ 1998年春在山东大学谈借力

要在大坐标中决策和行动。

▶ 2003年6月在广饶县委谈审时度势

工作要顺势、借势、造势。

▶ 1996年秋在山东省委政研室为全省企业经理班培训

工作分步走，优于一步就。

▶ 1994年春在山东省委办公厅对领导活动的思考

政治CEO要用政治战略把握方向。

▶ 2007年11月在美国对国家行为的思考

制定全局的政策必须反复推敲。

▶ 2006 年 10 月在平罗县委谈全局政策

重大政策一旦失误将有致命之害。

▶ 2006 年 10 月在平罗县委谈全局政策

战略可以简单，战术必须细化。

▶ 2008 年 7 月在石嘴山市政府再谈战略战术

战略家要善于把复杂的问题简约化。

▶ 2008 年 7 月在石嘴山市政府再谈战略战术

战术家要把简单的问题细致化。

▶ 2008 年 7 月在石嘴山市政府再谈战略战术

简约不等同于简单。

▶ 2008 年 7 月在石嘴山市政府再谈战略战术

简约的是优秀的。

▶ 2008 年 7 月在石嘴山市政府再谈战略战术

智力、权力、财力是成事的三大支柱。

▶ 1999 年秋在山东大学谈干事业的条件

目标要阶段化、数字化、实物化。

▶ 1999年秋在山东大学谈目标管理

规模越大的事业越需要质量去保证，成者是功臣，败者是罪人。

▶ 1986年2月在莱西县孙受乡组织植树造林有感

涉及面广的事无小事。

▶ 2005年2月在平罗县委接受记者采访

抓工作要抓标准。

▶ 2005年2月在平罗县委接受记者采访

高标准是高质量的前提。

▶ 2005年2月在平罗县委接受记者采访

决策没有高标准，执行就不会有高水平。

▶ 1999年秋在山东大学谈管理三要素

标准是管理的尺度。

▶ 2008年1月在石嘴山市政府全体会议上谈管理尺度

数字化才是真正的标准化。

▶ 2008年1月在石嘴山市政府全体会议上谈管理尺度

质是由数决定的。

▶ 2008年1月在石嘴山市政府全体会议上谈管理尺度

规定标准，是大规模行动的指南。

▶ 1985年10月在莱西市孙受乡植树造林现场有感

抓核心和骨干是创造组织能量的关键。

▶ 2005年春在平罗县谈“一把手”工作

对部下最大的人文关怀是政治关怀。

▶ 2008年3月在石嘴山市政府谈干部情绪

无论是政治和经济，既要抓骨干，又要抓群体。

▶ 2008年1月在石嘴山市政府谈骨干与群体要兼顾

喜闻乐见的政治是高超的政治。

▶ 2008年11月在井冈山谈政治艺术

用行为传播的形象最深刻。

▶ 2008年11月在井冈山谈形象塑造

要善于戴同样的帽子做不一样的事情。

▶ 2008年11月于井冈山谈基层工作

开拓时期要坚持效率第一,艺术第二。

▶ 2000 年秋在山东省委政研室对领导科学的思考

在有绝对权威的情况下,看准了的事可以用结果统一思想。

▶ 2000 年秋在山东省委政研室对领导科学的思考

效率与艺术不可能同时出现。

▶ 2000 年秋在山东省委政研室对领导科学的思考

秘书严谨细致,首长省心省力。

▶ 2005 年夏在平罗县委谈关于用干部

带兵初始从严从细,来日省心省力。

▶ 2005 年夏在平罗县委谈关于用干部

度,只能在实践中把握。

▶ 2005 年冬在平罗县委谈经验与度的关系

上级试点是难得的资源。

▶ 2003 年秋在广饶县委谈借力

争取上司视察是体验性沟通。

▶ 2001 年春在山东省委党校一年制中青班谈干部能力的盲区

争取上司的支持是下级必备的领导力。

▶ 2001年春在山东省委党校一年制中青班谈干部能力的盲区

调动上司积极性是下级最大的能力。

▶ 2006年在平罗县谈借力

干部正、社会稳、发展快、可持续是地方主帅必须统筹的重点。

▶ 2006年2月在平罗县委谈把握重心

决策和执行都要研究现状、目标、路径和执行人。

▶ 2006年9月在平罗县委对班子成员谈话

没有数字限定的政策和命令都是废话。

▶ 1999年秋在山东大学谈数字化管理

没有时限的计划是空话。

▶ 2000年5月在山东大学谈限时工作

没有措施的计划是假设。

▶ 2000年5月在山东大学谈限时工作

没有行动的计划是梦想。

▶ 2000年5月在山东大学谈行动才是真的

考核是指挥棒。

▶ 2005 年 9 月在平罗县委谈考核

基数、奖励、扣减是考核体系的三大神经。

▶ 2007 年冬在石嘴山市政府谈考核

专事专人专职专责是调动积极性最直接的方法。

▶ 2006 年 6 月在平罗县委对干部作风建设机制的思考

地方官既要做“命题作文”，又要做“自选文章”。

▶ 1989 年春在山东省委党校二年制研究生班谈如何抓工作重点

上级出题目下级做文章是促进工作的好方法。

▶ 1999 年秋在山东大学谈推进工作的方法

上下级可以教学相长。

▶ 1999 年秋在山东大学谈发现经验、总结经验

激励要善用精神、物质、政治三级递进。

▶ 1999 年秋在山东省委办公厅谈多元激励

平时亲，战时厉。

▶ 1996 年冬在山东省决策咨询中心读《孙子兵法》有感

远谋是可持续的条件。

▶ 2008 年 9 月在石嘴山市政府对决策的思考

好的决策必须早谋加过程。

▶ 2006 年 6 月在平罗县委谈正确决策的程序

决而不断属于一夫当关。

▶ 2005 年 3 月在平罗县委谈主要领导的职责

任何决策没有完美之计，唯一标准是利大于弊。

▶ 2005 年 3 月于平罗县委谈主要领导的职责

长远、科学、可行是决策的三把尺子。

▶ 1994 年春在山东省委办公厅对决策科学的思考

寻找先进的坐标有助于萌生新思路。

▶ 2010 年 8 月在浙江建德市

远见与领导者的水平、能力、潜力成正比。

▶ 2010 年 3 月在石嘴山市政府干部大会上的讲话

看得远才有大思路。

▶ 2010 年 3 月在石嘴山市政府干部大会上的讲话

决策高远，发展超前。

▶ 2005 年 5 月在平罗县委谈工作

谋划的境界决定发展质量和速度。

▶ 2005 年春在平罗县委谈工作

战略不要拘泥于细节，车到山前必有路。

▶ 2004 年秋在石嘴山市政府谈政治家做事不同在科学家

科学执政是执政能力的核心。

▶ 2005 年 2 月在平罗县委先进性教育大会上的讲话

阶段论是决策者的宝剑。

▶ 1994 年春在山东省委办公厅对决策科学的思考

广泛认同的绝不是超前的。

▶ 2005 年秋在平罗县委对决策工作的思考

超前是水平。

▶ 2003 年 3 月在广饶县与秘书谈话

超前才能领先。

▶ 2005 年 10 月在平罗县委与干部谈话

最完美的未必是可行的。

▶ 2005 年秋在平罗县委对决策工作的思考

先进不等于完善。

▶ 2005 年秋在平罗县委对决策工作的思考

建设不要怕打破坛坛罐罐。

▶ 2001 年秋在山东省委党校一年制中青班谈城市建设必然有破有立

全面发展不否认有阶段重点。

▶ 2001 年春在山东省委党校一年制中青班谈任何时期一切矛盾必然有主导的方面

高质量大投入才有百年大计。

▶ 2010 年 8 月在石嘴山市政府谈战略规划

高质的产出须有高质的投入。

▶ 2003 年 5 月在广饶县委经济会上的讲话

文明与低成本是矛盾律。

▶ 2003 年春在山东省广饶县城市建设调研

重要决策要有知识支撑和方法保证。

▶ 2001 年春在山东省委党校一年制中青班谈经济活动

决策重大事项要多学科共诊，对抗性论证。

▶ 1996年秋在山东省委政研室为富尔达集团培训

不可行性论证是可行性论证的必备环节。

▶ 2006年春在平罗县委对科研活动的思考

经济实力是经济活动中第一信誉。

▶ 2005年12月对招商引资工作的思考

现代化的决策必须用数字说话。

▶ 2005年12月对招商引资工作的思考

多一份大概，多一份风险。

▶ 1987年春在山东省委办公厅对领导科学的思考

众人参与有助于多视角审视。

▶ 1996年秋在山东省委政研室为富尔达集团培训

群众路线可以整合众人智慧和力量。

▶ 2010年4月在石嘴山市政府谈人人都是智慧源，人人都是动力点

专家对整体而言往往是偏家。

▶ 2005年6月在平罗县委谈民主

务虚会是民主议政的好形式。

▶ 2008 年 10 月在中央党校中青班谈决策会之前要开务虚会

上下互动、民主集中是决策的基本环节。

▶ 2006 年 6 月在平罗县委谈正确决策的程序

退二线的人议政有轻装上阵的优势。

▶ 2009 年 3 月在全国人民代表大会上所感

多问有助于正确的判断。

▶ 2010 年 7 月在石嘴山市政府谈常识经验很重要

政策的生命力在于利益性和操作性。

▶ 2006 年春于平罗县委对制定政策的思考

专家辅导、官员研讨是出台重要政策的巧妙前奏。

▶ 2008 年 1 月在石嘴山市政府对中央重要决策过程的观察

让社会讨论，其实质是在动员社会。

▶ 2003 年 6 月在广饶县委对领导活动的思考

民主与集中分置，方能充分民主、高效集中。

▶ 2008 年 4 月在石嘴山市政府谈进一步优化民主与集中

真理不是人人拥护的，真理代替不了利益。

▶ 2008 年 9 月在中央党校中青班学习感悟

从事社会运动必须分析社会阶层。

▶ 2008 年 9 月在中央党校中青班读《共产党宣言》有感

毛泽东《中国社会各阶级的分析》是中国的《共产党宣言》。

▶ 2008 年 9 月在中央党校中青班读《共产党宣言》有感

重大决策要出师有名。

▶ 2009 年 6 月在石嘴山市政府谈改革艺术

决策要分析上头、下头和外头。

▶ 1990 年春在莱西县城关镇政府谈工作把握“三头”

决策要以智囊为基础，以集体为保证，以主帅为核心。

▶ 1999 年秋在山东大学谈科学决策的保证机制

决策要民主，执行要高效。

▶ 1999 年秋在山东大学谈决策需要智慧，执行需要力度

完整的管理系统必须具有保护系统。

▶ 1999 年秋在山东大学谈管理

让大智者自己谋生糊口不会产生顶级人才。

▶ 2010 年 6 月在英国莎士比亚故居有感

做事既要研究数理，也要研究心理。

▶ 2002 年秋在山东省委政研室为山东农业大学干部培训班上的培训

按程序决策可以矫正情绪，避免失误。

▶ 2005 年 12 月在平罗县委谈程序的作用

预的质量与信息量成正比。

▶ 2004 年 10 月在石嘴山市与企业家座谈

信息不灵，做事难成。

▶ 2006 年春在平罗县委谈信息之重

盲从就是风险。

▶ 2005 年 6 月在平罗县委谈领导干部要心中有数

信息是成事与败事代价最低又最关键的条件。

▶ 2004 年 8 月在石嘴山市政府谈信息的作用

心中有数，做事不慌。

▶ 2005 年 10 月在平罗县委谈领导行为

传导环节越多，信息越易失真。

▶ 1999 年秋在山东大学谈决策信息的质量与速度

谋贵众，断贵独，行贵持。

▶ 1987 年春在莱西县委组织部对领导科学的思考

有什么样的环境，吸引什么样的人才。

▶ 2006 年 5 月在平罗县委对城市和工业园区的思考

没有星级环境，就引不来星级人物。

▶ 2004 年 10 月在石嘴山市政府谈一流的城市才能引来一流的人才

建了垃圾箱必然引来垃圾。

▶ 2004 年 10 月在石嘴山市政府谈一流的城市才能引来一流的人才

高标准才可持续。

▶ 2004 年 10 月在石嘴山市政府谈一流的城市才能引来一流的人才

基础性不等于唯一性。

▶ 1998 年秋在山东省委政研室谈农业经济观

效率是发展的基础，公平是和谐的砝码。

▶ 2001 年春在山东省委党校一年制中青班对社会问题的思考

要多做一些给历史留下美好记号的事。

▶ 2006 年春在平罗县委对工作决策的思考

优秀的官员要为人民谋利益，为历史留业绩，为社会留口碑。

▶ 2011 年 10 月在石嘴山市政府对公务员精神的思考

工作开局务必精练、传神、透质。

▶ 2003 年冬在广饶县委谈工作与文章同理

振兴薄弱环节是最高效的开拓。

▶ 1994 年春在山东省委办公厅谈新领导工作的切入点

薄弱环节最易振兴。

▶ 1999 年秋在山东大学谈工作切入点

突破瓶颈是最高效的发展。

▶ 2005 年秋在平罗县委谈领导干部如何加快发展

补齐就是发展。

▶ 2005 年秋在平罗县委谈领导干部如何加快发展

对难以监督的环节要以激励为主。

▶ 1997 年春在山东省委政研室谈人的心理

放权和保护积极性才能解放生产力。

▶ 2005年冬在平罗县委谈上级如何推动县域经济

心理学和系统论是孔明用兵如神的秘密。

▶ 2008年11月在井冈山读《三国志》有感

只顾其一，必然是阴阳偏执。

▶ 2004年10月在石嘴山市政府讲阴阳互动工作法

过于务实难以升华。

▶ 2004年10月在石嘴山市政府认为做事要阴阳平衡

单求实用必失美感。

▶ 2009年7月在石嘴山市政府认为美是文明的趋势

二十二、目标确定之后，方法是成败的关键

决策要准，执行要狠。

▶ 2006年春在平罗县委谈思想方法

决策要实、要细，执行要紧、要狠。

▶ 2000年春在山东大学为鲁电变压器厂培训

目标要坚定，方法要辩证。

▶ 2008年2月在石嘴山市政府谈工作辩证法

立即授权是分身之术。

▶ 2000年春在山东大学为河北中捷集团培训

层次化可变繁为简。

▶ 2000年春在山东大学为河北中捷集团培训

分层、分解是抓落实的基本方法。

▶ 2006 年 10 月检查平罗县新城区建设会战工地

有层级感的人是帅才。

▶ 2006 年 10 月检查平罗县新城区建设会战工地

职能是权力的载体。

▶ 1996 年夏在山东省委政研室为企业培训

职能错位是最大的浪费。

▶ 1998 年夏在山东大学为山东鲁花集团培训

职能错位，做事必累。

▶ 2000 年 6 月在山东省委政研室谈各就其位才能高效工作

直接支配是最低级的管理。

▶ 1987 年春在山东省决策咨询中心对领导科学的思考

因有矛盾才有官，解决矛盾是天职。

▶ 2006 年 3 月在平罗县委干部会上讲话

高潮到达之日，工作纠偏之时。

▶ 1987 年春在莱西县委组织部对领导科学的思考

用普遍规律指导工作，用特殊规律保证质量。

▶ 2003 年 5 月在广饶县委经济会上的讲话

用比较表达观点更有说服力。

▶ 2003 年 4 月在广饶县委谈培训鼓动力

目标多措施少必然是废话多实效少。

▶ 1988 年 10 月在山东省委党校二年制研究生班对领导科学的思考

演绎思维最易脱离实际。

▶ 2006 年春在平罗县委谈思想方法

研究社会，归纳优于演绎。

▶ 2006 年春在平罗县委谈思想方法

政治家是观念力与实施力的统一。

▶ 1997 年秋在广饶县第一届国际《孙子兵法》论坛

既没有万能的道理，也没有万能的方法。

▶ 2008 年 10 月在中央党校中青班谈执政手段

单一的治理措施必然把人引向极端。

▶ 2008 年 10 月在中央党校中青班谈执政手段

管理要辨证施治，复合用力。

▶ 2000 年春在山东大学谈管理

把握了事物的特殊性就掌握了 80%的成功。

▶ 2007 年 10 月在石嘴山市政府对把握事物个性重要性的分析

做社会工作直来直去未必高效。

▶ 2000 年春在山东省决策咨询中心谈社会科学不同在自然科学

违背公认的规矩凶多吉少。

▶ 2000 年春在山东省决策咨询中心为鲁电变压器厂培训

要用反正分析是否正确

▶ 2003 年秋在广饶县委论工作要务实

革旧体制的命从体制外做起更高效。

▶ 2010 年 1 月在石嘴山市政府谈改革或人生现象

两份客观一份主观是和平年代事业成功的基本条件。

▶ 2010 年 2 月在石嘴山市政府与干部谈话

胜负不仅仅是矛盾双方的原因，而是矛盾三方以上因素所决定的。

▶ 2006 年冬在平罗县委讲成与败的因素

胜负有时取决于第三方因素。

▶ 2006年冬在平罗县委讲成与败的因素

深入一线，诱发务实思维。

▶ 2011年11月在石嘴山市政府检查交通安全有感

对大志者以长期激励为主。

▶ 1996年秋在山东省委政研室对领导活动的思考

对小志者要即期激励。

▶ 1996年秋在山东省委政研室对领导活动的思考

票子面子帽子是即期激励的手段。

▶ 1996年秋在山东省委政研室对领导活动的思考

荣誉激励适用的范围更广泛且成本最低。

▶ 1996年秋在山东省委政研室对领导活动的思考

管理环境可以间接地管理人。

▶ 2005年冬在平罗县委谈管理环境的作用

期权制可以运用到各个组织。

▶ 1996年秋在山东省委政研室谈把企业管理机制引入政府

幸福就是急需得到了满足。

▶ 1995年春在山东省委办公厅去淄博市途中有感

预期留有余地，收获出其不意。

▶ 2007年9月在吴忠市政府对一些现象的思考

出其不意，欢天喜地。

▶ 2007年9月在石嘴山市谈工作方法

积极性是精神，最终受制于物质。

▶ 2000年冬在山东大学谈科技时代技术的重要性

激励只能激发潜能而不能创造新能力。

▶ 1996年秋在山东省委政研室对领导活动的思考

在知识经济年代，积极性救不了一切。

▶ 1992年秋在山东省委办公厅对影响效率因素的分析

激励对行为不是万能的。

▶ 2006年5月在平罗县委对积极性问题的思考

只在积极性上做文章不是辩证的科学观。

▶ 2007年12月在石嘴山市政府谈改革要防止误区

猴子不会因为激励而成为骏马。

▶ 2001年4月在山东省委党校一年制中青班谈发展不能只做生产关系的文章

秦国和游牧民族统一中国，得益于以骑兵为主的先进生产力。

▶ 2000年3月在山东省委政研室对古代战争成败的分析

用简单的方法解决复杂的问题是战略家。

▶ 2006年春在平罗县对工作方法的思考

简约才高效。

▶ 1999年秋在山东大学对工作方法的思考

交替做事效率高。

▶ 2008年5月在石嘴山市政府谈优选法

有些矛盾无法回避就要千方百计，而不是一方一计。

▶ 2010年6月在石嘴山市政府对生态建设的认识

研究事物、判断事物必须着眼其结构。

▶ 1999年秋在山东大学读毛泽东《中国社会各阶级的分析》有感

沟通是理解的前提，理解是维护的条件。

▶ 2000年春在山东大学为河北中捷集团培训

批评人应多批现象，少论动机。

▶ 2003年春在广饶县委谈批评人不要伤人心

做思想工作要先“充气”后“运球”。

▶ 1984年春在山东师范大学任班长有感

劝导要先肯定后但是。

▶ 1999年8月在山东大学对劝导艺术的思考

先软后硬更主动。

▶ 2009年3月在石嘴山市政府谈社会工作方法

对话要少用否定句和反问句。

▶ 1996年秋在山东大学对领导活动的思考

批评的冲击力越强，越容易反弹。

▶ 1996年秋在山东大学对领导活动的思考

伤面子的批评可能会留下硬伤。

▶ 1996年秋在山东大学对领导活动的思考

留面子是接受批评的润滑剂。

▶ 1996年秋在山东大学对领导活动的思考

面子连心，伤面伤心。

▶ 1996 年秋在山东大学对领导活动的思考

批评留面子，治病不伤人。

▶ 1996 年秋在山东大学对领导活动的思考

批评伤面子，伤人不治病。

▶ 1996 年秋在山东大学对领导活动的思考

启发式劝善和纠错是高超的工作艺术。

▶ 1996 年秋在山东大学对领导活动的思考

至察无徒，苛刻失人。

▶ 2002 年秋千山东省委政研室对社会现象的思考

喜欢捅窗户纸是小聪明。

▶ 2002 年秋在山东省委政研室对社会现象的思考

小聪明没有好结果。

▶ 2002 年秋在山东省委政研室对社会现象的思考

佛教用天堂与地狱劝善。

▶ 1996 年 3 月在山东省委政研室访南山寺有感

没有强制就没有礼制。

▶ 1996年8月在山东大学读史有感

小人散于世，其害变本加厉。

▶ 2006年9月在平罗县委谈对人也要修旧利废

要给能人一份天地。

▶ 1988年秋在山东省委党校二年制研究生班为润华世纪培训

对能人要多看结果。

▶ 1988年秋在山东省委党校二年制研究生班为润华世纪培训

对能力弱的人要关注过程。

▶ 1988年秋在山东省委党校二年制研究生班为润华世纪培训

缺乏数据意识的人大都是做事不扎实的人。

▶ 1998年秋在山东大学对干部工作作风的思考

惩罚是最高效的教育。

▶ 2003年4月在广饶县委感悟“非典”疫情

虎无威不如猫。

▶ 2006年春在平罗县委对干部职责的分析

角色影响境界。

▶ 1984 年 5 月与山东师范大学中文系学生学习认识论

职业影响潜能。

▶ 1984 年 5 月与山东师范大学中文系学生学习认识论

处理灾难性事件要：
善心善举，果断迅速；
控制现场，救护先行；
安抚百姓，真心真情；
事故鉴定，科学定性；
追究责任，平愤正名；
善待媒体，主动沟通。

▶ 2000 年冬在山东省委政研室有感于 H 省火灾

处置对抗性事件要：
宜疏不宜堵，宜分不宜聚；
宜早不宜迟，宜劝不宜激。
分流交通，封锁现场；
沟通信息，劝导有方；
分析诉求，是非明朗；
官错必改，民错必纠；
制止违法，理直气壮。

▶ 2001 年冬在山东省委党校一年制中青班谈处置群体事件

冷静才有时间搜索智慧。

▶ 2005 年 2 月在平罗县委谈处置突发事件

信息可以巩固人心也可以瓦解人心。

▶ 1999 年春在山东省委政研室对一些突发事件的思考

信息不对称会导致偏见。

▶ 2008 年 7 月在石嘴山市政府谈传播的意义

先入为主可以影响事态发展。

▶ 2005 年 12 月在平罗县委对一些历史事件的思考

氛围可以相互感染。

▶ 2000 年秋在山东大学谈同一环境中的人可以互动

统一就是力量。

▶ 1987 年春在莱西县委组织部对领导科学的思考

量化是抓落实的必要手段。

▶ 1987 年春在莱西县委组织部对领导科学的思考

严厉不是暴躁。

▶ 2003 年 2 月在广饶县委谈工作艺术

人的潜能一要激，二要挤。

▶ 2003 年 3 月在广饶县委与秘书谈话

不能用信任代替管理。

▶ 1987 年春在山东大学对领导科学的思考

目标是一种引力。

▶ 1997 年春在山东大学为司法系统干部班培训

目标迫生手段。

▶ 1996 年秋在山东大学为富尔达集团培训

人是有潜能的，压任务比交方法更重要、更科学。

▶ 2009 年 11 月在石嘴山市政府谈调动下属潜能

执行允许创新。

▶ 2001 年春在山东省委党校一年制中青班谈执行

严细地管理下级才能造就过硬的队伍。

▶ 1996 年春在山东省决策咨询中心为润华世纪集团培训

严是管理的“雷区”，闯过雷区就是辉煌。

▶ 1999 年秋在山东大学谈管理要闯关

军训可以强化服从意识和过硬的作风。

▶ 1999年秋在山东大学谈管理要闯关

信任催生忠诚。

▶ 2003年1月在广饶县委读《明史》有感

太刚易断，太柔易弯，处事方法宜多元。

▶ 2003年7月在广饶县委谈工作艺术

要尽量创造愉快的工作环境。

▶ 1996年秋在山东省委政研室为全省企业经理班培训

愉快是人人所希望的。

▶ 1996年秋在山东省委政研室为全省企业经理班培训

愉快式管理产生向心力。

▶ 1996年秋在山东省委政研室为全省企业经理班培训

大事之后都要举一反三。

▶ 2008年1月在石嘴山市政府对某地处理群体事件有感

放弃面子，鼓励反思，利国利民。

▶ 2008年1月在石嘴山市政府对某地处理群体事件有感

不言成绩的总结更能推动工作。

▶ 2008 年 6 月在石嘴山市政府谈工作方法

得人心在于关键事。

▶ 2008 年 12 月在中央党校中青班对社会现象的感悟

用节奏把握进程。

▶ 1998 年春在山东大学谈阴阳互动工作法

协调的原则是共利。

▶ 2000 年春在山东大学为河北中捷集团培训

带班子要间接地抓“缰绳”,不要直接地抓“笼头”。

▶ 2008 年 12 月在中央党校中青班对社会现象的感悟

任务超过三,重点容易偏。

▶ 2010 年 5 月在石嘴山市政府谈会议布署工作要精简

重基层是群众史观。

▶ 2005 年 2 月在平罗县委谈工作要强基层

最简单的工作方法是抓基层抓典型。

▶ 2003 年 5 月在广饶县委谈工作方法

工作有多层，首先强基层。

▶ 2000年春在山东省委政研室谈工作要打基础

深入基层有助于理解社会。

▶ 2007年8月在吴忠市政府谈接触基层的意义

政治要重视神经末梢。

▶ 2007年8月在吴忠市政府谈接触基层的意义

检查工作有助于了解干部。

▶ 2003年春于广饶县委谈对工作情况要现场查看

隔绝自己不可能兼听则明。

▶ 2004年秋于石嘴山市政府自警

走到基层才能体察真情。

▶ 2000年春在山东省委政研室谈工作要打基础

走一走、看一看，既查事又查官。

▶ 1988年10月在山东省委党校二年制研究生班谈一线工作法

走一走、串串门，信息原汁原味。

▶ 1988年10月在山东省委党校二年制研究生班谈一线工作法

走一走、听一听，增加群众感情。

▶ 1988年10月在山东省委党校二年制研究生班谈一线工作法

走一走、瞧一瞧，是抓落实的实招。

▶ 1988年10月在山东省委党校二年制研究生班谈一线工作法

工作可越级动员，不宜越级部署。

▶ 1999年秋在山东大学谈层级管理

工作可越级检查，不宜越级指挥。

▶ 1999年秋在山东大学谈层级管理

上级可越级关怀，不宜越级责怪。

▶ 1999年秋在山东大学谈层级管理

后说更有理。

▶ 2006年11月在平罗县委自警

后说是调查研究。

▶ 2006年11月在平罗县委自警

后说有助于观察。

▶ 2006 年 11 月在平罗县委自警

善于在对话中酿造智慧。

▶ 2003 年春在广饶县委谈要善于、乐于倾听

二十三、道德、才能、性格，不同岗位，不同权重

有主帅阅历的人掌吏部有助于人才辈出。

▶ 1988年春在莱西县委组织部任干部科长谈选官

吏部官员的水平影响着所选官员的水平。

▶ 1988年春在莱西县委组织部任干部科长谈选官

既出主意又用干部才是真正意义上的执政。

▶ 2007年8月在吴忠市政府谈工作思路是用干部的前提

时代不同，人才的侧重点不同。

▶ 1987年春在山东大学谈选人要与主要任务相适应

战争尚武不尚诗，是曹操责丕而选丕，爱植而弃植的原因。

▶ 1987年春在山东大学谈选人要与主要任务相适应

用人要德岗匹配，能级匹配，结构匹配。

▶ 2005年5月在平罗县委谈用人要务实

关键岗位的人不可平衡与迁就。

▶ 1999年秋在山东省委办公厅谈干部

要抓关键的事、关键的人、关键的时。

▶ 1996年秋在山东省政研室为全省企业经理班培训

人无全能且各有其性，人岗匹配方事业兴盛。

▶ 2009年5月在石嘴山市政府谈对干部勿求全责备

德与才都是相对的，要各得其所。

▶ 2005年冬在平罗县委谈用人要扬长

人的素质有侧重，人岗匹配看权重。

▶ 2005年冬在平罗县委谈用人要扬长

正、廉、勤、能，全者为帅，单者为将。

▶ 2008年1月在石嘴山市政府谈选官

培养后生看潜力，激励先进看显绩。

▶ 1988年秋在山东省委党校二年制研究生班谈选官

烈马历险，厚牛耕田。

▶ 2007年3月在吴忠市政府谈选官

贤者未必都有功，功者未必都是贤。

▶ 2001年冬在山东省委党校一年制中青班对历史人物的分析

智商胜于情商的人不宜做主帅。

▶ 1988年秋在山东省委党校二年制研究生班谈选官

一线的干部要有硬功夫。

▶ 2005年3月在平罗县委与基层干部谈话

软蛋不宜在一线。

▶ 2005年3月在平罗县委与基层干部谈话

硬功夫是一线干部立足的基石。

▶ 2005年3月在平罗县委与基层干部谈话

行政要高产，选“种”是关键。

▶ 2006年春在平罗县委谈干部

人才是历史积淀的产物，要选育并举，近选远育。

▶ 2006年春在平罗县委谈干部

用人一要选种子，二要造气候。

▶ 2006 年春在平罗县委谈干部

受过艰难困苦的人意志更坚强。

▶ 1997 年春在山东大学为山东省司法系统干部班培训

寒士更加珍惜阳光。

▶ 1997 年春在山东大学为山东省司法系统干部班培训

直爽是忠臣的基础。

▶ 2010 年 2 月在银川市与领导交流时有感

受压抑的人一旦获得平台必有爆发力。

▶ 2007 年秋在石嘴山市政府对使用干部的思考

多用长期受压抑的人。

▶ 2007 年秋在石嘴山市政府对使用干部的思考

洪秀全属于不得志而造反。

▶ 2005 年 5 月在平罗县谈要让不得志的人有机遇

多用敢于冲锋陷阵的人。

▶ 2007 年秋在石嘴山市政府对使用干部的思考

多用善于执行的人。

▶ 2001年春在山东省委党校一年制中青班谈要研究抓落实的方法

核心层要有共识之士。

▶ 2005年冬在平罗县委谈用人

层次越高越重共鸣。

▶ 2006年9月在平罗县委谈领导者心态

下级对新帅的心态是相同的。

▶ 2007年秋在石嘴山市政府对使用干部的思考

要多元激励,让群体都有希望。

▶ 2007年秋在石嘴山市政府对使用干部的思考

激励必须兼顾主体和多数。

▶ 1996年春在山东省决策咨询中心对领导活动的思考

调动一切积极因素不等于没有主要的依靠力量。

▶ 2005年夏在平罗县委谈关于用干部

隋文帝至察而无徒。

▶ 2006年10月在平罗县委自警

用人不可轻用但不能不用。

▶ 1999 年 8 月在山东大学谈用干部

用人有时会失察，但不能因秕忌穗。

▶ 1997 年春在山东大学谈用干部

从做事看做人。

▶ 1997 年春在山东大学谈用干部

在急难险重的大事件中发现干部、考验干部。

▶ 1997 年春在山东大学谈战争年代用人规律

方向确定后能力就是决定性因素。

▶ 2008 年 10 月在中央党校中青班对毛泽东、邓小平成功的分析

使人如使器，着眼其价值。

▶ 1997 年春在山东大学谈用干部

用人如使器，不必多顾忌。

▶ 1997 年春在山东大学谈用干部

防人不如自身正。

▶ 1997 年春在山东大学谈用干部

用人如使器，坚固耐用继续用，半途而废有前功。

▶ 1997 年春在山东大学谈用干部

多一份单纯则多一份激情，少一份阴谋。

▶ 2005 年 6 月在平罗县委观看“六一”儿童节入场式有感

要发挥年轻群体的激情作用。

▶ 2005 年 6 月在平罗县委谈使用年轻干部

烈马难驭，能者不卑。

▶ 2005 年冬在平罗县委谈人才现象

聪明、能干、听话，三全者少。

▶ 2005 年冬在平罗县委谈人才现象

秘书主要是做小事、细事。

▶ 2012 年 4 月在石嘴山市政府谈人才现象

轮岗是职业激励的好方式。

▶ 1992 年春在山东省委办公厅对领导活动的思考

交流或轮岗可以缓解干部的心理懈怠。

▶ 1992 年春在山东省委办公厅对领导活动的思考

新环境、新岗位、新部下必有新动力。

▶ 1992年春在山东省委办公厅对领导活动的思考

土地休耕高产，干部休耕高质。

▶ 2008年11月在中央党校中青班谈干部教育形式

轮训可以实现干部休耕。

▶ 2008年11月在中央党校中青班谈干部教育形式

修旧利废是使用干部重要的战略战术。

▶ 2007年秋在石嘴山市政府对干部工作的思考

用专家管理行业有助于行业现代化。

▶ 2000年春在山东省委政研室谈用人

用复合型人才治理地方有助于驾驭社会。

▶ 2000年春在山东省委政研室谈用人

使组织省心的人是能人。

▶ 2008年1月在石嘴山市政府对某一封疆大吏工作方略的思考

形势变迁看德行，急难险重看才能。

▶ 2007年3月在吴忠市政府谈干部

人是一切事业的纲，纲举目张。

▶ 2011 年 9 月在石嘴山市政府谈人的力量

无论何法何制，人的素质第一。

▶ 2004 年 3 月在广饶县谈制度不是万能的

同天同地同法同制而结局不一，根源是人的素质。

▶ 2004 年 3 月在广饶县谈制度不是万能的

管理层级要与知识广度成正比。

▶ 2000 年 8 月在山东大学为企业培训

良人是良法、良治、良功的前提。

▶ 2004 年 8 月在石嘴山市政府谈人的素质的重要性

大事业必须由团队去实现。

▶ 2005 年 6 月在平罗县委谈团队的作用

重团队是大生产，重个人是小作坊。

▶ 2008 年 1 月在石嘴山市政府谈团队的重要性

职务是干事业的杠杆。

▶ 2008 年 1 月在石嘴山市政府谈选官

两面派得不到政治家的爱。

▶ 2007年3月在吴忠市政府谈人事变迁的现象

能力不足不完美，品德不好是地雷。

▶ 2009年6月在石嘴山市政府读史有感

哲学思维、专业知识和工作阅历是判断官员潜力的标尺。

▶ 1988年秋在山东省委党校二年制研究生班谈选官

好胜者往往好斗。

▶ 2010年12月在石嘴山市政府谈人的性格与行为

初察易觉陋。

▶ 2006年4月在平罗县委谈识人

给能人解绳设笼。

▶ 1988年秋在山东省委党校二年制研究生班对领导科学的思考

民主评议的质量在于归类分析。

▶ 1988年冬在山东省委党校二年制研究生班谈选官

先看结构，再看德才，会失掉一批德才之人。

▶ 2009年7月在石嘴山市政府对一些政治现象的分析

单一的选人方式必然导致单一的人才结构。

▶ 2000 年冬在山东大学对选人制度的思考

专家要形成专业链。

▶ 2006 年 3 月在平罗县委谈人才结构

人才像工具必须齐全。

▶ 1987 年春在山东大学对领导科学的思考

职业通道越多，人才活力越强。

▶ 1996 年春在山东省委政研室谈企业管理

诱导千军万马挤独木桥的政策必然扼杀人才。

▶ 1996 年春在山东省委政研室谈企业管理

复杂的社会需要多元的人才。

▶ 2000 年冬在山东大学对选人制度的思考

拘身世和职业选人，奴隶焉成良宰。

▶ 1988 年秋在山东省委党校二年制研究生班谈我国夏、商、周许多宰相出身奴隶

孔明七法选一人，无人可得，若七法选七人，人才济济。

▶ 1988 年秋在山东省委党校二年制研究生班谈选官

人才济济方能人才竞争。

▶ 2000 年冬在山东省委政研室谈营造竞争氛围

公考是毛遂自荐。

▶ 1988 年秋在山东省委党校二年制研究生班谈选官

公考是怀才不遇者的通道。

▶ 1988 年秋在山东省委党校二年制研究生班谈选官

倡导毛遂自荐,选人视野无限。

▶ 1988 年秋在山东省委党校二年制研究生班谈选官

鼓励人才上书是察人识材之路。

▶ 1988 年秋在山东省委党校二年制研究生班谈知人识人

管理层级要与管理境界成正比。

▶ 2005 年 2 月在平罗县委先进性教育大会上的讲话

后备干部助理制有助于释放能量,有助于社会监督。

▶ 2006 年 10 月在平罗县委谈把后备干部推向一线,让群众评判

少设副职多设助理是高效的官职结构。

▶ 2000 年 3 月在山东大学谈古代官制

政治风雨是官员成长的营养。

▶ 2008年1月在石嘴山市政府有感于社会

优秀的作风表现为实、细、快、美。

▶ 2005年3月在平罗县委与基层干部谈话

官吏是社会的永恒职业。

▶ 2007年10月在石嘴山市政府对公务员队伍的思考

官吏贤能百姓福。

▶ 2006年10月在平罗县委谈干部队伍建设

二十四、鼓动力直接影响领导力

表达力是领导形象的第一影响力。

▶ 1984 年 5 月在山东师范大学谈鼓动力是领导干部的基本条件

哲理性、深刻性、新颖性才有刺激性。

▶ 2008 年 1 月在石嘴山市政府谈讲话是领导形象的重要内容

简约、形象有助于理解和记忆。

▶ 2008 年 1 月于石嘴山市政府谈讲话是领导形象的重要内容

简约化和形象化才能大众化。

▶ 1987 年 8 月在山东省莱西县委组织部谈表达

表述确切是公文和演讲的第一要务。

▶ 2007 年 10 月在石嘴山市谈领导干部鼓动与表达之大忌

表达有歧义，听者必多疑。

▶ 2007 年 10 月在石嘴山市谈领导干部鼓动与表达之大忌

含混不准、指代不明的话极易引起思想波动。

▶ 2007 年 10 月在石嘴山市谈领导干部鼓动与表达之大忌

善于浓缩语言是智慧。

▶ 1987 年 8 月在山东省莱西县委组织部谈表达

表述简练是能力的象征。

▶ 1984 年 5 月在山东师范大学谈鼓动力是领导干部的基本条件

数字是最直观的表达。

▶ 1998 年秋在山东大学对领导科学的思考

理论大众化是执政党必须坚持的文风。

▶ 2001 年春在山东省委党校谈文风

准确的逻辑需要精确的概念。

▶ 2001 年春在山东省委党校谈文风

排比句须忌概念含混交叉。

▶ 2001 年春在山东省委党校谈文风

关键时刻关键事件用准关键词,直接关系到事态的走向。

▶ 2008年10月在中央党校中青班对事故处理的感想

简练不等于简单。

▶ 2000年春在山东省委党校一年制中青班为鲁电变压器厂培训

事业成功的人大都是善于反思的人。

▶ 1985年秋在山东师范大学对人生成长的思考

工作重点过三,行动容易走偏。

▶ 2008年10月在中央党校中青班谈领导布置工作

善于归纳概括是演讲和写作的基本功底。

▶ 2000年春在山东省委党校一年制中青班为鲁电变压器厂培训

句子对仗押韵有助于联想记忆。

▶ 2008年11月于江西省井冈山读古书有感

理论家是政治家的参照系。

▶ 2008年9月在中央党校中青班读李炜光预算法改革建议案有感

正义的理论家是政治的先导。

▶ 2008年7月在石嘴山市政府谈理论家的品格

正义的理论家不依政治为前提。

▶ 2008 年 8 月在石嘴山市政府谈理论家的品格

理论家对开明的政治家具有约束力。

▶ 2008 年 9 月在中央党校中青班读李炜光预算法改革建议案有感

低水平的秘书重修辞，高水平的领导重思想。

▶ 2008 年 1 月在石嘴山市政府谈讲话是领导形象的重要内容

哲理增强霸气，历史增加深度，专业提升信赖，修辞创造美感。

▶ 1987 年 8 月在山东省莱西县委组织部谈表达

哲思酿警句，传神靠艺术。

▶ 1987 年 8 月在山东省莱西县委组织部谈表达

思想性是政论文的灵魂。

▶ 1987 年 8 月在山东省莱西县委组织部谈表达

语言的思想性是领导形象的灵魂。

▶ 1987 年 8 月在山东省莱西县委组织部谈表达

观念传播是人生营销。

▶ 1999 年秋在山东大学谈传播的意义

思想要精，必须笔耕。

▶ 2003年2月在山东省广饶县委谈写文章要把握三大要素

写作是提炼思想的必备工艺。

▶ 2003年2月在山东省广饶县委谈写文章要把握三大要素

思考不动笔，思想不精细。

▶ 2003年2月在山东省广饶县委谈写文章要把握三大要素

思想、逻辑、修辞是好文章的魂、骨、肉。

▶ 2003年2月在山东省广饶县委谈写文章要把握三大要素

思想深度与领导潜力成正比。

▶ 1987年8月在山东省莱西县委组织部谈表达

观文笔可察风骨。

▶ 2005年6月在平罗县委读书有感

用故事讲事理，言简意阔。

▶ 2006年10月在平罗县委对领导讲话的分析

寓言是启发的最高形式。

▶ 2006年10月在平罗县委对领导讲话的分析

针对性越强越有号召力和冲击力。

▶ 2006 年 10 月在平罗县委对领导讲话的分析

唤民之行须有唤民之理、利。

▶ 2004 年冬在石嘴山市政府读《朱元璋》有感

优秀的演讲一要讲道，二要讲故事，三要有宽泛的信息量。

▶ 2000 年春在山东大学谈讲课的技巧

敏感话题要由专家先说。

▶ 1980 年 9 月在山东师范大学对社会大变革的思考

提升事物的意义可以促进快速决策。

▶ 2005 年 3 月在平罗县委谈动员和请示

做事和讲话都要抓心理。

▶ 2007 年 11 月在石嘴山市政府谈鼓动能力和汇报工作

讲话时要问一下讲话的目的是什么。

▶ 1984 年 5 月在山东师范大学谈表达

鼓动要在几分钟内使听众定势。

▶ 2003 年春在山东省广饶县委谈表达

有人讲话很长掌声很短。

▶ 2005 年 2 月在平罗县委对领导干部讲话的观察

有人讲话很短掌声很长。

▶ 2005 年 2 月在平罗县委对领导干部讲话的观察

相对方有感觉了才有效。

▶ 2006 年 6 月在平罗县谈劝导艺术

多维信息共同刺激有助于增强记忆。

▶ 2006 年 10 月在平罗县委对领导讲话的分析

口号具有火焰的力量。

▶ 1998 年春在山东大学读《中外思想史》有感

口号具有导向的作用，不宜太多。

▶ 1988 年 10 月在山东省委党校二年制研究生班对领导科学的思考

口号一旦面面俱到，就失去了集中导向的力量。

▶ 2005 年 7 月在平罗县委谈口号的作用与原则

口号的利益性越直白越易抓住人心。

▶ 2003 年 2 月在山东省广饶县委谈口号的作用与原则

耕者有其田、当家做主人是新民主主义革命的两大口号。

▶ 2003 年 2 月在山东省广饶县委谈口号的作用与原则

舆论和声势可以不战而屈人之兵。

▶ 2005 年春在平罗县委对学江苏省沭阳县的思考

口语表达要一慢、二顿、三清、四精。

▶ 1999 年秋在山东大学谈表达

二十五、官德厚实，官根扎实

能力加亲和力，更具感召力。

▶ 2009年4月在石嘴山市政府有感于自治区主要领导的亲和力

高官谦和更伟大。

▶ 2003年2月在广饶县委谈干部形象

平和者人近之，威严者人远之。

▶ 2003年2月在广饶县委谈干部形象

山大而坡缓，老少都喜欢。

▶ 2006年2月在平罗县委谈亲和作风

柔产生亲和力。

▶ 1999年秋在山东大学谈平易近人是大德

政治坚、经济清、作风正是三条官根。

▶ 2006年春在平罗县委对领导干部行为的思考

有管理就有矛盾，廉洁清正是官员的盾。

▶ 2008年1月在石嘴山市政府谈官德

道德是无形的卫士。

▶ 2003年7月在广饶县委谈道德与人生

老臣是无形资产。

▶ 1989年秋在莱西县为教育系统校长班培训

最大的道德是公平。

▶ 2006年10月在平罗县委谈社会公平

只有大道德立，才有小道德生。

▶ 2000年1月在山东省委政研室谈公平与道德

抵御诱惑最好的办法是远离诱惑。

▶ 2010年8月在石嘴山市政府谈食自助餐

风正可以让人一心一意地工作。

▶ 2006年春对宁夏自治区党委用人的感悟

历史既是继承的又是创造的，要敬畏先人和前人。

▶ 2005 年 3 月在平罗县委谈善待老干部和前任

效率不依赖权力更伟大。

▶ 2005 年 5 月在平罗县委谈遇到大事要与下级沟通

尊严不依靠权力更尊严。

▶ 2005 年 5 月在平罗县委谈遇到大事要与下级沟通

家妻内臣德为先。

▶ 2006 年春在平罗县委谈干部

公正是解决矛盾的利剑。

▶ 1995 年冬在山东省决策咨询中心谈领导科学

公道是调动积极性最简单和最持久的方法。

▶ 1999 年 8 月在山东大学对领导科学的思考

自身正、敢碰硬、讲方法、比业绩是可靠的官。

▶ 2010 年 7 月在石嘴山市政府干部大会上的讲话

民众的向心力首先取决于官方的公平度。

▶ 2001 年冬在山东省委党校中青班谈政府与百姓互动

包容和远见折射着领导者的潜力。

▶ 2006年3月在平罗县委干部会上的讲话

广开言路，政治持续。

▶ 2006年10月在平罗县委谈民主

倡明言才能防暗语。

▶ 2006年8月在平罗县委读史有感

鼓励报忧可防止政治危机。

▶ 2003年2月在广饶县委谈广开言路

人的优势是单项的，傲慢是没有道理的。

▶ 1999年秋在山东大学谈谦虚是符合客观规律的

高身份，小行为，强功能。

▶ 2005年4月在平罗县委谈领导干部形象

感恩下级，境界升级。

▶ 2006年春在平罗县委谈尊敬下级

起座、握手、致意，下级更加敬你。

▶ 2006年春在平罗县委谈尊敬下级

不能把得志变成失去修养的拐点。

▶ 2004 年 6 月在石嘴山市政府谈修养

保持布衣平民意识，工作生活吉利。

▶ 2004 年春在石嘴山市政府自警

在现代社会，平民意识与威信成正比。

▶ 2005 年 5 月在平罗县委干部大会上的讲话

尊重人可以避免危机。

▶ 2006 年 10 月在平罗县委对社会的思考

天地各有功，贵卑皆有值。

▶ 2007 年 8 月在吴忠市政府谈要尊重所有的人

用兵之道，教诫为先。

▶ 1999 年秋在山东大学谈管理要先礼后兵

人群的觉悟若整齐划一，就失去了管理阶层的价值。

▶ 2005 年 6 月在平罗县委谈要理解社会

善听异己的话，素质才升华。

▶ 2005 年 6 月在平罗县委谈要理解社会

克服矛盾、解决矛盾是官员的天职。

▶ 1996 年秋在山东省决策咨询中心为富尔达集团培训

商鞅变法得君心失众臣而朝更身裂。

▶ 1999 年秋在山东大学谈得民心可持续

只迎合人意不坚持真理的官是阴险的。

▶ 1999 年秋在山东大学谈奸臣都是善于迎合人意的

当你处处感到满意的时候，要警惕是否被操纵。

▶ 1999 年秋在山东大学谈奸臣都是善于迎合人意的

方式随便，态度随和，有助于了解民情。

▶ 2004 年冬在石嘴山市政府谈调研

看亡人，看病人，看贫人，有利于净化心灵。

▶ 2001 年秋在山东省委党校一年制中青班谈人的心态

今贝为贪。

▶ 1995 年秋在山东省委办公厅对反腐的思考

舍予为舒。

▶ 2009 年 5 月在石嘴山市政府为生态园命名为舍予圆

善舍善予者为大德。

▶ 1995年秋在山东省委办公厅谈舍、予是修养

经济不独立，政治就会被操纵。

▶ 2008年2月在石嘴山市政府全体会上的讲话

缺乏道德性和合法性的产权可能随时失权。

▶ 2001年春在山东省委党校一年制中青班对制度问题的思考

百姓的生产关系最简单，反官僚、反腐败最坚决。

▶ 1999年冬在山东省委政研室对反贪机制的思考

好事兼得违背大均衡的天道。

▶ 1999年冬在山东省委政研室对官德与天道的思考

责任心是最大的职业道德。

▶ 2006年9月在平罗县委干部大会上的讲话

责任心比爱心更伟大。

▶ 2010年6月在石嘴山市政府谈爱心有自私成份，责任心可以无私

胸怀高于道德。

▶ 2010年6月在石嘴山市政府谈爱心有自私成份，责任心可以无私

奉献就是道德。

▶ 1999 年秋在山东大学谈修养之法

执纪之剑要高起轻落。

▶ 1999 年秋在山东大学谈保护干部

围师必缺，既是战术又是战略。

▶ 1996 年 10 月在山东省委政研室读《孙子兵法》有感

和谐者长生。

▶ 1999 年秋在山东大学谈官德

干事业必须为了大多数，依靠大多数。

▶ 2005 年 5 月在平罗县委干部大会上的讲话

得人心要得多数人的心。

▶ 2006 年 12 月在平罗县委对工作的思考

赢得少数人必然失去多数人。

▶ 2005 年冬在平罗县委对工作的思考

用好左右手，事兴政无忧。

▶ 2011 年 9 月在石嘴山市政府谈工作方法

处于公心就敢于公开。

▶ 2000 年冬在山东省决策咨询中心对社会角色的思考

做官的独特功能是通过整合社会资源推动社会进步。

▶ 2005 年 6 月在平罗县委自警

李斯心不正而不善终。

▶ 2007 年 8 月在吴忠市政府读《李斯》有感

诚实无破绽。

▶ 2007 年秋在石嘴山市对一些干部的观察

玩小聪明吃死亏。

▶ 2008 年 10 月在中央党校中青班再读《三国演义》感庞统、杨修因玩小聪明而丧命

老老实实做人是人生可持续的基础。

▶ 2006 年 7 月在平罗县委谈人的可持续

做老实人省心、省功、省力。

▶ 1996 年 10 月在山东大学谈做人处世

很多人吃亏在于不老实。

▶ 2007 年秋在石嘴山市政府对一些干部的观察

老实人不惹致命的祸。

▶ 2007 年秋在石嘴山市政府对一些干部的观察

昏官与奸僚孪生。

▶ 2006 年 6 月在平罗县委谈干部

明君常在，忠臣常涌。

▶ 2000 年冬在山东省委政研室读史有感

下级抗上，其一旦理亏，会更加敬上。

▶ 2005 年 6 月在平罗县委谈下级抗上利大于弊

职业道德的底线是尽职尽责。

▶ 2005 年 5 月在平罗县委干部大会上讲话

很多人成于嘴败于嘴。

▶ 2003 年 10 月在广饶县委谈修养

狂言伤人更伤己。

▶ 2003 年 5 月在广饶县委与秘书谈话

口是枪，言是弹。

▶ 1999 年秋在山东大学谈语言的双刃性

鼓舌如玩枪，伤了别人心，自己留重伤。

▶ 1999 年秋在山东大学谈语言的双刃性

有理何必高腔。

▶ 2006 年冬在平罗县委自警

语言大师的功底在于择言。

▶ 1999 年秋在山东大学谈择言是能力

魏征善谏一凭公心，二凭艺术。

▶ 2007 年 8 月在吴忠市政府读史有感

凭自身正忽视工作艺术，仍然是欠修养。

▶ 2006 年 3 月在平罗县委谈工作艺术

敌意的批评从人格、动机入手。

▶ 2001 年春在山东省委党校一年制中青班对社会现象的思考

忠诚的批评从方法、结果着眼。

▶ 1997 年春在山东省委政研室对社会现象的思考

干事不惹事，做事有后劲。

▶ 2005 年冬在平罗县委谈执行力

二十六、立足国家基因谋发展，民族长治久安

相对恒久的自然与人文禀赋是国家的基因。

▶ 2008 年 10 月在中央党校中青年干部一班学习时发表在《新华月报》的文章

国情可以是暂时的，国家基因是恒久的。

▶ 2008 年 10 月在中央党校中青年干部一班学习时发表在《新华月报》的文章

大国、古国、多民族国是中国的国家基因。

▶ 2008 年 1 月在石嘴山市政府谈产业布局与西部开发

大国、古国、多民族国是中国国家战略的基点。

▶ 2007 年 11 月在美国航天馆有感

优化生产力布局，不仅是经济战略，更是政治、社会战略。

▶ 2008 年 1 月在石嘴山市政府对我国“一五”规划和“三线建设”伟大意义的感悟

生产力布局到哪里，人才和剩余价值就汇聚到哪里。

▶ 2008年1月在石嘴山市政府对我国“一五”规划和“三线建设”伟大意义的感悟

幅员辽阔的国度，其产业布局过于集中，不利于国家安全。

▶ 2008年1月在石嘴山市政府谈产业布局与西部开发

合理的运输半径是中国节能战略的必由之路。

▶ 2008年1月在石嘴山市政府谈产业布局与西部开发

幅员辽阔的国度，按服务半径布局民需产业，既利于运输节能，又利于民生。

▶ 2008年1月在石嘴山市政府谈产业布局与西部开发

优化生产力布局是促进区域协调发展的治本之策。

▶ 2008年1月在石嘴山市政府谈产业布局与西部开发

劳动力大迁徙的根源在于产业布局过于集中。

▶ 2008年1月在石嘴山市政府谈产业布局与西部开发

国家是国民的家。

▶ 2007年11月在美国学习有感

国家是人类的集团。

▶ 2007年11月在美国学习有感

国民最大的尊严源于国家尊严。

▶ 1997年秋在俄罗斯学习有感

国家是国民人格和心身安全的大本营。

▶ 2007年11月在美国学习有感

国破家不宁，国乱企不兴，国辱民不荣。

▶ 2003年冬在广饶县委读《大染坊》有感

国际之间民族利益高于一切。

▶ 2004年春在石嘴山市政府谈国际间友好要有底线

财政政策要瘦机关，强一线，强国防，厚科教。

▶ 2003年冬在广饶县委谈财政支出结构

军威是国威之本。

▶ 2010年3月在石嘴山市政府谈国防意识

国威需要国防工业的刹手锏。

▶ 2006年11月在平罗县委对中国航天卫星业的感想

“两弹一星”是中国国威可持续发展的转折点。

▶ 2006年11月在平罗县委对中国航天卫星业的感想

无人战役是未来战争的主要形式。

▶ 2011 年 10 月在石嘴山市谈战争信息化

创新型国家的民族更有自豪感。

▶ 2010 年 3 月在石嘴山市政府谈国民素质是国本

竞争是民族进化的必要条件。

▶ 2010 年 3 月在石嘴山市政府谈国民素质是国本

安逸是民族退化的温床。

▶ 2010 年 3 月在石嘴山市政府谈国民素质是国本

优秀的民族品牌是通行世界的护照。

▶ 2007 年 10 月在石嘴山市政府谈社会文明已经进入地域品牌、民族品牌和个人品牌的时代

传播民族文化是民族国际化的持久战略。

▶ 2004 年春在石嘴山市政府谈国际间友好要有底线

国家战略既要弥补弱项,又要发挥优势,二者不可偏一。

▶ 2005 年春在平罗县委对以色列发展战略的思考

资源就地转化是国家运输节能的必由之路。

▶ 2005 年春在平罗县委对以色列发展战略的思考

大国把流通作为财富之源是危险的。

▶ 2006 年冬在平罗县委谈生产型企业对国家的意义

在大国度，人人必需的消费品已经不是经济学的范畴。

▶ 2012 年 3 月在石嘴山市政府谈经济与政治互含的

没有重工业就没有国家安全。

▶ 2012 年 3 月在石嘴山市政府谈经济与政治互含的

二十七、发展经济要激活欲望、提升技术、规范行为

限速是人类可持续发展的条件。

▶ 2010 年 8 月在赶往北京途中谈任何事物高速度都是杀手

经济力具有普适性、大众性。

▶ 2008 年 8 月在石嘴山市政府谈经济力对社会具有普遍性

经济成份多元，经济运行稳健。

▶ 2010 年 5 月在石嘴山市政府谈经济结构

产业催生科技

▶ 2011 年 6 月在石嘴山市政府对产业升级的思考

装备制造业是民族工业的脊梁。

▶ 2003 年 5 月在广饶县委谈装备工业

战略性决策要先分析产出，后考虑成本。

▶ 2006年冬在平罗县委对城建的思考

新经济观要把产出作为决策的第一参照量。

▶ 2006年秋在平罗县委对城建的思考

当经济成本变为政治成本、社会成本后，将不再遵循经济规律。

▶ 2008年11月在中央党校中青班谈战略决策

宏观调控要综合，行业管理要专业。

▶ 2001年夏在山东省委党校一年制中青班谈专业化管理的路径

最经济、最高效的投入是打通瓶颈，释放能量。

▶ 2003年春在广饶县委谈企业发展与社会环境

产业链是产业的钢铁长城。

▶ 2009年5月在石嘴山市政府工业大会上的讲话

市场经济是人类发展的阶段性手段。

▶ 2007年11月在美国参观罗斯福广场有感

如何让公民人人成为经济、社会发展的智慧源、动力源，制度是关键。

▶ 2010年3月在石嘴山市政府谈人群的力量

市场经济下到户到人的激励是最高效的激励。

▶ 2006 年 6 月在平罗县委对农村合作医疗政策的感想

市场经济更多是横向关系。

▶ 2010 年 5 月在石嘴山市政府谈市场经济的社会结构是扁平结构

计划经济更多是纵向关系。

▶ 2010 年 5 月在石嘴山市政府谈计划经济的社会是管制社会

市场经济的特征是政治相对平等。

▶ 2008 年 5 月在石嘴山市政府谈计划与经济的各自优势

计划经济的特征是经济相对平等。

▶ 2008 年 5 月在石嘴山市政府谈计划与经济的各自优势

经济所有制既是经济组织的形式又是社会组织的基础。

▶ 2001 年春在山东省委党校一年制中青班对政治经济学的思考

人流是最大的物流和信息流。

▶ 1996 年春在山东大学为真情集团培训

人流结构是一个地方是否繁荣的晴雨表。

▶ 2003 年 7 月在广饶县委企业家座谈会上的讲话

一个地区输入的人口越多越发达,输出的人口越多越萧条。

▶ 1996 年春在山东大学谈用产业聚人

劳动力流到哪里,剩余价值就积淀到哪里。

▶ 1996 年春在山东大学谈用产业聚人

流入的劳动力数量与积淀的剩余价值成正比。

▶ 1996 年春在山东大学谈用产业聚人

低物价的地区受市场剥削。

▶ 2006 年 9 月在平罗县委谈经济现象

用产业聚人是振兴经济的必由之路。

▶ 1996 年春在山东大学谈用产业聚人

扬长用短可增加一倍的资源。

▶ 2008 年在中央党校中青班对开发资源的再认识

社会升级必须靠产业升级。

▶ 2003 年 5 月在广饶县委谈工作

技术升级是产业升级的前提。

▶ 2003 年 5 月在广饶县委谈工作

保护技术才能保护产业。

▶ 2011年5月在石嘴山市政府谈政府职能

没有产业就没有经济社会的可持续。

▶ 2009年5月在石嘴山市政府工业大会上的讲话

落后地区的优势往往是劣势，发挥这些优势就是延续劣势。

▶ 2006年冬在平罗县委谈落后地区要反向思维，既然是优势为什么会落后

生态环境欠佳的地区要用城市带生态，带产业。

▶ 2009年2月在石嘴山市政府谈西部发展的三大载体是城市、生态、产业

做大了才有知名度。

▶ 2006年3月在平罗县委谈建设特色专业产业区

做大规模才能体现实战能力。

▶ 2007年5月在石嘴山市政府谈开创性工作

人文品牌是区域经济的帆。

▶ 2010年3月在石嘴山市政府谈城市品牌与生产要素汇聚的关系

太阳能产业面向千家万户才有生命力。

▶ 2009年6月在石嘴山市政府谈建一万千瓦太阳能电站需四百亩土地，中国人多地少不宜建太多的陆地太阳能电站

开发太阳热能更经济更具生命力。

▶ 2009年6月在石嘴山市政府谈中国人多地少不宜建太多的陆地太阳能电站

探水和探矿是大西北地区的治本之策。

▶ 2007年春在吴忠市政府谈干旱带工作

商与路孪生，水与农并蒂。

▶ 2003年秋在广饶县委谈基础条件与经济的关系

交通是拉动一个地区经济、社会发展的纲，纲举目张。

▶ 2005年2月在平罗县委谈发展区域经济的路径

交通是生产力要素汇聚的第一条件。

▶ 2005年2月在平罗县委谈发展区域经济的路径

越贫穷、越没有资源的地区越需要大通道。

▶ 2005年2月在平罗县委谈发展区域经济的路径

一级景观公路是拉动城乡统筹的经济带。

▶ 2007年5月在吴忠市政府对新经济带的思考

治污、蓄水、植树是西北地区生态建设的主抓手。

▶ 2005年2月在平罗县委谈生态

循环经济是保护生态的必由之路。

▶ 2003年7月在广饶县委谈循环经济

修旧利废是最简便的循环经济。

▶ 2003年7月在广饶县委谈循环经济

发展经济要以产业为中心。

▶ 2010年12月在石嘴山市政府在经济工作会上的发言

最有效的调控是调控供给。

▶ 2010年12月在石嘴山市政府在经济工作会上的发言

扩大供给长治久安，限制需求随时反弹。

▶ 2010年12月在石嘴山市政府在经济工作会上的发言

齐国对关税稽而不征而商贸兴，是世界最早的市场经济。

▶ 2000年1月在山东大学对齐国兴盛的几个原因的分析

齐国兴技工之巧、通渔盐之利而富甲天下。

▶ 2000年1月在山东大学对齐国兴盛的几个原因的分析

人的素质与区域经济成正比。

▶ 2003年2月在广饶县委谈公民素质与地区繁荣的关系

除自然禀赋外，人的观念落后是区域落后的第一因素。

▶ 1999 年 10 月在山东大学对全省后进县的调查

招标的原则是综合指标优化，并非是造价最低。

▶ 2005 年夏在平罗县委对招标办谈招标要注意的问题

越是限制的事情利润率越丰厚。

▶ 2004 年秋在石嘴山市政府谈经济现象

政府和市场对经济的推动要异时用力。

▶ 2009 年 6 月在石嘴山市政府对如何抓工作的思考

特色加规模是最稳健的经济。

▶ 2003 年 6 月在广饶县委谈区域经济的两大关键问题

发展区域经济既要培育单体规模又要发展群体规模。

▶ 2005 年 2 月在平罗县委谈发展区域经济的路径

工业是拉三产推一产的驱动产业。

▶ 2003 年 5 月在广饶县委谈工作

一流的城市才能吸引一流的产业。

▶ 2006 年 5 月在平罗县委谈如何加快发展工业园区

第三产业是高端文明的晴雨表。

▶ 2003 年 5 月在广饶县委谈工作

第三产业是城市和工业的保姆。

▶ 2008 年 6 月在石嘴山市政府谈第三产业

旅游是聚人流拉物流的再生产业。

▶ 2007 年 10 月在石嘴山市政府对发挥沙湖作用的思考

旅游业是拉动区域知名度的持久广告。

▶ 2005 年秋在平罗县委谈旅游业的意义

讲故事是旅游和餐饮业的灵魂。

▶ 2005 年秋在平罗县委谈旅游业的意义

发展企业是发展经济的关键。

▶ 2003 年春在广饶县委谈企业的功能

实体产业是经济之母。

▶ 2003 年春在广饶县委谈企业的功能

政府是气候，企业是种子。

▶ 2003 年春在广饶县委谈企业发展与社会环境

银行利润率低于平均利润率,有助于其他行业振兴。

▶ 2012年3月在全国人代会上的发言

在大国度,农业和制造业是经济安全的基础。

▶ 2012年3月在全国人代会上的发言

产品的价值越高,运输成本越低。

▶ 2008年1月在石嘴山市政府谈产业布局与西部开发

生产关系可以四两拨千斤。

▶ 2001年冬在山东省委党校一年制中青班对制度的思考

生产力对社会的推动作用是渐进的。

▶ 2001年冬在山东省委党校一年制中青班对制度重要性的分析

生产力突破生产关系是一个漫长的过程。

▶ 2006年3月在平罗县委谈生产力与生产关系要互动互促,不可偏重一方

在有序的社会中,生产关系直接左右生产力的生存和发展。

▶ 2001年秋在山东省委党校一年制中青班对制度重要性的分析

未介入生产关系的生产力仅仅是潜在的生产力。

▶ 2001年春在山东省委党校一年制中青班对政治经济学的思考

政治是社会之父，经济是社会之母。

▶ 1994年春在山东省委办公厅谈中国古典哲学之阴阳

政治控制社会，经济支撑社会，文化维系社会。

▶ 2001年冬在山东省委党校一年制中青班谈文化的作用

生产关系是关于积极性的学问。

▶ 2001年5月在山东省委党校一年制中青班学员报告会上的培训

先进的生产关系，才能发展和保护先进的生产力。

▶ 2006年8月在石嘴山市政府谈发展生产力必须发展生产关系

在特定的阶段中，先进的生产关系催生先进的生产力。

▶ 2010年5月在石嘴山市政府谈发展生产力必须发展生产关系

生产关系是气候，生产力是种子。

▶ 1997年冬在山东省委政研室与企业交流发言

领导是生产关系，群众是生产力。

▶ 2006年冬在平罗县委谈制度对释放群众能量的影响

任何人都在生产关系这个外壳制约中发展。

▶ 2001年冬在山东省委党校一年制中青班谈制度

生产关系是生产力发展的空间。

▶ 2001年冬在山东省委党校一年制中青班对制度的思考

生产方式是发展生产力的路径。

▶ 1997年秋在山东省委政研室对生产方式重要性的思考

生产方式是社会进步与落后的综合标志。

▶ 2003年春在山东省广饶县委接受《大众报》记者采访

二十八、事业需要之外，精英将率先进入城市

优质的城市是优质产业的孵化器

▶ 2012 年 2 月在巴黎有感

城市是人类必经的驿站。

▶ 2005 年 4 月在平罗县委谈城市化是人类历史不可逾越的阶段

城市是优质生产、生活要素最富集的地带。

▶ 2008 年 11 月在中央党校中青班谈城市经济

宜居宜业的城市是现代社会的孵化器。

▶ 2008 年 11 月在中央党校中青班谈城市经济

城市是人类得以全面发展的摇篮。

▶ 2003 年 3 月在广饶县委谈实施三大板块对接，加快城市建设步伐

解放和发展生产力首先是留住和吸引生产力。

▶ 2003 年 3 月在广饶县委谈实施三大板块对接,加快城市化

城市是孵化企业的企业。

▶ 2003 年春在广饶县委谈城市具有乘号性的战略意义

城市是一个地方是否繁荣的物质标志。

▶ 2005 年春在平罗县委谈城市化水平

环境艰苦之地必须优先发展城市。

▶ 2004 年 6 月在石嘴山市政府谈城市环境是生产要素

用城市带生态,带产业,带农村是西北地区最高效的现代化之路。

▶ 2005 年春在平罗县委谈城市具有乘号性的战略意义

城市是政府最大的而且是永不亏损的资产。

▶ 2005 年春在平罗县委谈城市化的资本意义

城市经济是区域经济的龙头。

▶ 2005 年秋在平罗县委谈城市化的经济功能

做强边界城市是发展区域经济的桥头堡战略。

▶ 2005 年 3 月在宁夏人代会分组讨论时的发言

行政中心迁移或迁都是拉动区域经济发展的重大战略。

▶ 2005 年 2 月在平罗县委对城市规划的思考

城与市结合谓之城市。

▶ 2006 年 5 月在平罗县委谈城市建设要发展产业

城是生活的载体，市是生产的平台。

▶ 2006 年春发表在石嘴山市党办通报

城市是市民之家。

▶ 2005 年春在平罗县委谈城市的社会功能

广场是市民的客厅。

▶ 2005 年春在平罗县委谈城市广场的意义

市民以城市荣为荣。

▶ 2005 年春在平罗县委谈城市的社会功能

建设新城可以降低政治、经济、时间三大成本。

▶ 2003 年 3 月在广饶县委谈新区建设

军事城堡、政治中心、交通枢纽、独特资源是城市的发祥地。

▶ 2001 年春在山东省委党校一年制中青班谈城市发展规律

具有地理环境优势的都市是社会财富最终的汇聚地。

▶ 2004 年 6 月在石嘴山市政府谈城市环境是生产要素

优越的自然环境是城市膨胀的天然拉力。

▶ 2004 年 6 月在石嘴山市政府谈城市环境是生产要素

人流、物流、资金流最终要流向适宜人居的地方。

▶ 2004 年 11 月在石嘴山市政府谈人居环境对生产要素的吸附力

城市的命脉是产业。

▶ 2004 年 10 月在石嘴山市政府谈城市繁荣的条件

产业，教育，医疗是城市存在和膨胀的根。

▶ 2010 年 3 月在石嘴山市政府城市工作会议上的讲话

政府划格子，社会填空子是城市拓展的窍门。

▶ 2005 年春在平罗县委谈经营城市

道路先行、公益事业先行、景观先行是建设新城的高效模式。

▶ 2003 年 3 月在广饶县委谈新区建设

通过造景拉动土地升值是低投入高产出的经营城市。

▶ 2005 年 4 月在平罗县委对生态环境建设的思考

历史给美的事物让路，丑的事物给历史让路。

▶ 2005 年春在平罗县委谈城市规划与单体设计

历史给美的建筑让路。

▶ 2005 年 4 月在平罗县谈城市建设要高品位

楼宇的庭院是聚气场，宜前不宜后。

▶ 2006 年秋在平罗县委谈公共建筑不宜沿路边建设

风水，即避风临水，是唯物论。

▶ 2005 年春在平罗县委谈城市规划

马路是城市发展的指挥棒。

▶ 2005 年春在平罗县委谈城市规划

城市马路是黄金。

▶ 2005 年春在平罗县委谈经营城市

城市开发要以路带金、以绿增金。

▶ 2003 年 5 月在广饶县委谈新城区规划

城市是灾害杀伤力最高效的地域，必须立足于防灾。

▶ 2005 年春在平罗县委谈城市规划

城市空间要着眼于地震和火灾。

▶ 2005 年春在平罗县委谈城市规划

密集是城市的绝症。

▶ 2005 年春在平罗县委谈城市规划

超前规划必须大智大勇。

▶ 2005 年 3 月在平罗县委谈规划

规划超前是可持续性的节约。

▶ 2005 年春在平罗县委谈城市的社会功能

大空间，大绿地，大水面，大马路，低密度的城市才可持续。

▶ 2005 年春在平罗县城市规划会上的讲话

天地人合一是中国建筑思想的主题。

▶ 2005 年春在平罗县城市规划会上的讲话

利用大自然建设城市与发展产业是大师。

▶ 2007 年 10 月在石嘴山市政府对城市建设的思考

发展组团式城市群是城市生态化的必然模式。

▶ 2010 年 3 月在石嘴山市城市化工作会议上的讲话

城市组团发展可以形成大空间。

▶ 2010 年 3 月在石嘴山市城市化工作会议上的讲话

城建是艺术,要请艺术家去挑剔。

▶ 2005 年春在平罗县城市规划会上的讲话

城市规划除文物和精品之外必须旧服从新。

▶ 2007 年 1 月在平罗县委谈城市规划不能因循守旧

建筑是物化的露天史书。

▶ 2003 年春在广饶县委谈单体美的历史意义

永久性建筑其使用功能要服从审美功能。

▶ 2003 年春在广饶县委谈单体美的历史意义

母子式雕塑或建筑是和谐美。

▶ 2006 年秋在平罗县委对城市建筑的思考

矮建筑群的规模越大其美感越差。

▶ 2008 年 1 月在石嘴山市谈城市建设要有立体空间美

城市美一要布局美,二要单体美。

▶ 2007 年 11 月在美国华盛顿对建筑的思考

物体的比例美是第一美。

▶ 2005 年冬在平罗县委谈建筑物的布局

建筑美需要起伏、错落及造型变化与色泽变化。

▶ 2007 年 11 月在美国华盛顿对建筑的思考

单体建筑首先要比例美，其次是局部和细节美。

▶ 2005 年冬在平罗县委谈建筑物的布局

雄伟须以高大体现，玲珑须借小巧表现。

▶ 2005 年春在平罗县城市规划会上的讲话

美是刚柔之和谐。

▶ 1999 年秋在山东大学谈美的要素

厚重加流线必然大气又美观。

▶ 2003 年春在广饶县政府对城市建设的思考

美的建筑和装潢都是刚中有柔。

▶ 2008 年 1 月在石嘴山市政府对建筑美学的思考

用相反的符号反衬主体是和谐美。

▶ 1999 年秋在山东大学谈美的要素

反差是造美的常用手法。

▶ 1999 年秋在山东大学谈美的要素

主辅相反，必有美感。

▶ 2008 年 1 月在石嘴山市政府对建筑美学的思考

主阳、辅阴，赏目悦心。

▶ 2008 年 1 月在石嘴山市政府对建筑美学的思考

主阴、辅阳，柔中带刚。

▶ 2008 年 1 月在石嘴山市政府对建筑美学的思考

整体美必须远距离审视。

▶ 2005 年冬在平罗县委谈建筑物的布局

大型建筑审美要着眼城市轮廓线。

▶ 2007 年 11 月在美国华盛顿对建筑的思考

审定效果图一定要分析建筑物与背景之间的比例。

▶ 2009 年在石嘴山市政府对某些实体建筑不如效果图美观这一问题的思考

视角影响美感。

▶ 2009 年在石嘴山市政府对某些实体建筑不如效果图美观这一问题的思考

把高层建筑组团布局可以营造城市气势。

▶ 2005 年冬在平罗县委谈建筑物的布局

造型、体量、材质、空间、走向都会影响建筑风格。

▶ 2003 年春在广饶县政府对城市建设的思考

主线条简洁是持久美的前提。

▶ 2008 年 1 月在石嘴山市谈建筑物美感的主导因素

古典的永远是现代的。

▶ 2007 年 9 月在石嘴山市政府谈建筑单体

淡雅的永远是鲜亮的。

▶ 2007 年 9 月在石嘴山市政府谈建筑单体

巧用公路反光瓷，用于楼宇夜间亮化，既省电又安全。

▶ 2007 年 9 月在石嘴山市政府谈建筑单体

建筑物用不同的色彩、门窗、线条收顶，既节约，又轻巧，又崇高。

▶ 2007 年 11 月在美国华盛顿对建筑的思考

顶层缩进，视觉稳健刚劲。

▶ 2010 年在意大利罗马市有感

用模型审美最直观、最保险。

▶ 2003年春在广饶县政府谈重要建筑必须借助模型审美

要防止稀缺景观私人独占。

▶ 2003年春在广饶县政府对城市建设的思考

民用建筑远离主干道有利于增加政府的城市资产。

▶ 2005年冬在平罗县委谈规划红线

妙用十字路，拉远建筑物，可营造开阔的田字空间。

▶ 2006年秋在平罗县委谈贴近十字路口布局建筑物是城市规划之大忌

巧借马路，拉远建筑，可增加空间倍数。

▶ 2006年秋在平罗县委谈建筑布局

城市高架桥建高是城市的风景线。

▶ 2009年春在上海对城市高架桥有感

单行路有利于减轻行人的心理疲劳。

▶ 2007年11月在美国对高速路的思考

水系、林地是城市的有机竞争力。

▶ 2005年春在平罗县委谈城市规划

树木是城市的年轮。

▶ 2003 年春在广饶县委对城市规划超前性的思考

特色林是营造特色景观的好手笔。

▶ 2003 年春在广饶县委对城市生态景观的思考

城市按组团植树更有美感。

▶ 2005 年 3 月在平罗县委谈城市绿化

无论是城市还是农村，林带是最好的景观。

▶ 2003 年春在广饶县委谈林带与环境

城市园林要以树、水、石自然要素为主调。

▶ 2007 年 10 月在石嘴山市全市生态建设动员会上的讲话

大规模的长寿经果林可以营造城市特色。

▶ 2007 年 12 月在石嘴山市政府谈城市组团绿化

城中的长寿长绿树木越多，城市越美。

▶ 2007 年 12 月在石嘴山市政府谈城市组团绿化

城市规划要以过渡带的形式留有发展空间。

▶ 2004 年秋在石嘴山市政府谈城市空间就是城市战略

城市林带在城市规划中既是战略又是战术。

▶ 2003年春在广饶县委对城市规划超前性的思考

城市品牌一要造二要唱。

▶ 2007年10月在石嘴山市政府对提升石嘴山市知名度的思考

城市品牌要造特色、唱特色。

▶ 2007年10月在石嘴山市政府对提升石嘴山市知名度的思考

名人、名企、名景、名会都是城市品牌积沉的因素。

▶ 2007年10月在石嘴山市对提升石嘴山市知名度的思考

论坛、会展是提升地方知名度的捷径。

▶ 2006年10月在平罗县委谈要积沉城市知名度

安全、生态、宜业是塑造城市品牌必须把握的基本点。

▶ 2007年10月在石嘴山市对提升石嘴山市知名度的思考

中国的城市化，一要用工业化、城市化化小农村，二要用工业与城市的生产方式、生活方式改造农村。

▶ 2006年2月在平罗县委谈城乡统筹

除事业需要之外，精英将率先走进城市。

▶ 2006年2月在平罗县委谈城市化的意义

二十九、农业、农村是人类永久的阵地

植物是人类生存最可靠的物质。

▶ 2006年10月在平罗县委有感于植物的神奇性

保护土地是保护人类的底线。

▶ 2006年10月在平罗县委有感于植物的神奇性

种子是农业的芯片。

▶ 2005年6月在平罗县委谈大力发展制种业

种子、苗子、崽子是农业经济最高端的价值链。

▶ 2009年3月陪林业部副部长李育才同志调研对其强调发展苗圃有感

土地是最好用的生产力，种瓜得瓜，种豆得豆。

▶ 2006年10月在平罗县委有感于植物的神奇性

牧业是农业的驱动产业。

▶ 2003 年冬在广饶县委接受记者采访

没有村企一体化就没有农村现代化。

▶ 1997 年 12 月在山东省委政研室倡议村队企业化

让农民在城市化、工业化中既安居又乐业，是重大的社会战略。

▶ 2006 年 8 月在平罗县委谈失地农民问题

在工业化的今天，农业已经成为社会基础，不再是经济基础。

▶ 2003 年春在广饶县委接受记者采访

农业是命根子，但不是富根子。

▶ 2003 年春在广饶县委接受记者采访

在大国度，农业是政治，但政治代替不了经济。

▶ 2003 年春在广饶县委接受记者采访

振兴农村经济是城乡统筹的首要任务。

▶ 2010 年 5 月在石嘴山市政府在农村工作会上的讲话

建设新农村不是农业国的回归。

▶ 2006 年 8 月在平罗县全区新农村建设研讨班上的发言

无污染的制造业进村是振兴农村经济的必由之路。

▶ 2005 年 10 月在石嘴山市政府对新农村建设的思考

城乡路网是城乡统筹的动力带。

▶ 2006 年 8 月在平罗县全区新农村建设研讨班上的发言

城乡之间的景观路是拉动城乡统筹的经济带。

▶ 2006 年 10 月在平罗县委对农业的思考

在半旱地区，退耕还林才能形成可持续的生态。

▶ 2007 年春在吴忠市政府谈生态建设

退耕还草形成的生态经不起天灾和人祸。

▶ 2007 年春在吴忠市政府谈生态建设

干旱地区高密度造林一是景观好，二是蒸发少。

▶ 2007 年 6 月在吴忠市政府谈造林

混交造林可防预天敌对林区的毁灭。

▶ 2007 年 6 月在吴忠市政府谈造林

对生态环境恶劣地区移民是治穷的根本。

▶ 2007 年 5 月在吴忠市政府谈要持续移民

农林水等特色院校的基地宜向县城转移。

▶ 2005年10月在石嘴山市政府对新农村建设的思考

选拔大学生任村官是未来政权建设的重大战略。

▶ 2006年8月在平罗县委谈农村政权问题

用企业带农村是农村现代化的必由之路。

▶ 2012年3月在石嘴山市政府谈农业农村现代化

三十、社会再造是必然的规律，官方改革或民众革命，二者必具其一

法久必生弊。

▶ 2010 年 2 月在石嘴山市政府谈改革

螺旋式上升实质上是在回归中提升。

▶ 2010 年 2 月在石嘴山市政府谈改革

变革需要观念力、政治力、生产力共同驱动。

▶ 2000 年秋在山东省委政研室谈改革并非易事

社会变革的过程都是利益重组的过程。

▶ 1998 年秋在山东大学对戊戌变法的思考

群众拥护就是潜在的合法性。

▶ 2001 年 10 月在山东省委党校中青班谈要把握改革的脉搏

社会信号是政治的气象。

▶ 2006 年 10 月在平罗县委谈民主的意义

信息化助推民主化。

▶ 2006 年 10 月在平罗县委谈民主的意义

民主的首要问题是权力来源问题。

▶ 2003 年春在山东省广饶县委对民主本质的分析

社会异化是社会革命的原因。

▶ 2001 年春在山东省委党校一年制中青班对政治组织发展规律的思考

防止社会权贵化是政权建设的焦点。

▶ 2008 年 6 月在石嘴山市政府谈政权建设

只有政治文明,才有持久的社会文明。

▶ 2005 年秋在平罗县委对政治制度的思考

多元当中有主体是健康的社会结构。

▶ 2010 年 2 月在石嘴山市政府谈科学的结构都是多元当中有主体

权力包括人权和产权。

▶ 2000 年 4 月在山东省委政研室谈要赋予群众广义的权力

社会质变的标志是生产方式的飞跃

▶ 2012年2月在石嘴山市政府对社会先进性的分析

人民政府是人民用权力入股的股份公司。

▶ 2000年冬在山东省委政研室对政权建设的思考

抓住了人的需求就抓住了人心。

▶ 1983年冬在山东师范大学读马斯洛《人类动机的理论》有感

政府对公民的态度决定公民对政府的态度。

▶ 2007年8月在吴忠市政府对国家与公民关系的思考

政府对百姓尽责任，百姓才能对政府尽义务。

▶ 2007年5月在吴忠市政府对国家与公民关系的思考

政府为多数人负责，多数人才能为政府负责。

▶ 2007年8月在吴忠市政府谈责任与义务是互动互生的

主持公道是政府的天职。

▶ 2006年2月在平罗县委谈政府不能忽视的职责

政府是社会公平的后盾。

▶ 2006年2月在平罗县委谈社会不公、不正义是政府的责任

理直才能气壮地管理。

▶ 2003年5月在广饶县委谈服务与管理的关系

改革切忌四面出击。

▶ 1994年春在山东省委办公厅谈改革

改革不是毁灭,要循序渐进地解扣结。

▶ 1999年秋在山东大学谈改革的目的与方法

继承是开拓的前提。

▶ 1994年春在山东省委办公厅谈继承与开拓

一成不变的继承人不是优秀的继承人。

▶ 2007年5月在石嘴山市政府谈开创性工作

主调不变,不断完善是开创新局面的艺术。

▶ 2007年5月在石嘴山市政府谈开创性工作

必然性而又敏感的变革可隔代立法隔代实施。

▶ 2008年1月在中央党校中青班对建设副都或副行政中心的建议

民主与科学、公平与正义是社会发展的两大主题。

▶ 2001年春在山东省委党校一年制中青班对政治问题的思考

没有人民的觉醒和参与，一切变革都是不彻底的。

▶ 1989 年春在山东省委党校二年制研究生班谈“人民战争”的意义

没有今天的殉道者，就没有明天的胜利者。

▶ 2000 年秋在山东省委政研室读史有感

改革生产关系必然要以一定的生产力为代价。

▶ 2001 年秋在山东省委党校一年制中青班谈改革要有权利保障

改革从增量入手可以减少人阻。

▶ 2010 年 3 月在石嘴山市政府谈改革

改革要用新事物的增量调旧的存量。

▶ 2010 年 3 月在石嘴山市政府谈改革

改革从经济上切入最稳健。

▶ 1994 年春在山东省委办公厅谈改革切入点

改革要从旧体制外着手培育新的增量。

▶ 1994 年春在山东省委办公厅谈改革切入点

在存量和总量不易改变的情况下必须抓结构优化。

▶ 1996 年春在山东省委办公厅对领导艺术的思考

改革要问为了谁、对不对、行不行。

▶ 2000 年冬在山东省委政研室对上层建筑改革的思考

反思包括总结经验,修正错误。

▶ 2008 年 12 月在中央党校中青班谈思想解放

权力分散、滥用严办是政制改革的方向。

▶ 2010 年 7 月在石嘴山市政府干部大会上的讲话

多数人认同而形成的共识是亚先进。

▶ 2001 年秋在山东省委党校一年制中青班谈制度

选举制是民主政治的基础。

▶ 2001 年秋在山东省委党校一年制中青班谈制度

由政权做支撑的改革,成本远远小于革命。

▶ 1998 年秋于山东大学谈改革成本

改革可以掌握主动权。

▶ 1998 年秋在山东大学谈改革成本

政治变革需要权力或暴力作保障。

▶ 1998 年秋在山东大学对戊戌变法的思考

戊戌变法，权弱必垮。

▶ 1998 年秋在山东大学对戊戌变法的思考

完善是最好的旗帜。

▶ 1985 年春在莱西县委组织部为企业培训

禁区性改革须舆论先行。

▶ 1997 年秋在山东省委政研室谈改革切入点

缩省，撤市，强县，是政区改革的方向。

▶ 2001 年冬在山东省委党校一年制中青班谈政区改革

行政改革要减少序级，扩大参与。

▶ 2000 年秋在山东省委政研室谈行政体制、机构改革

分工制约，优于专职监督。

▶ 2003 年 3 月在广饶县委谈体制科学化

唐朝中央的核心机构是中书省决策，门下省复议，尚书省执行。

▶ 1996 年冬在山东大学读史有感

在人民代表大会建立复式审计机构有助于权力制衡。

▶ 2007 年 10 月在石嘴山市政府对审计工作的思考

经济管理过于集权会降低效率，增加腐败。

▶ 2006年10月在平罗县委对管理体制的思考

政治追求的是可行性与先进性的统一。

▶ 2008年7月在石嘴山市政府谈巩固政权的底线

改革要研究人阻。

▶ 2008年4月在石嘴山市政府谈改革

当立法主体被怀疑后，法只是一纸空文。

▶ 2001年春在山东省委党校一年制中青班对社会历史变革的思考

改革社会必须改革制度。

▶ 2001年冬在山东省委党校一年制中青班谈制度

政治改变社会往往疾风暴雨，经济改造社会是最优的速度。

▶ 2010年2月在石嘴山市政府谈政治与科技都能改变社会

用经济和文化推动社会变革更文明。

▶ 2008年8月在中央党校中青班谈解放思想

政治异化是必然的规律。

▶ 2001年春在山东省委党校一年制中青班对政治组织发展规律的思考

防止政治异化是执政党的战略任务。

▶ 1999 年秋在山东大学谈执政要防止政治异化

反腐败就是反政治异化。

▶ 2001 年春在山东省委党校一年制中青班对政治组织发展规律的思考

机构庞大形似消耗财富，实则消耗发展资本。

▶ 2000 年 1 月在山东省委政研室关于机构改革问题的思考

管理机构庞大不仅消耗财力，而且消耗效率，滋生腐败。

▶ 2000 年 1 月在山东省委政研室关于机构改革问题的思考

放权是简政的基础。

▶ 2000 年 1 月在山东省委政研室关于机构改革问题的思考

政党的先进性主要体现在思想方法的先进性、执政方式的先进性和社会人格的先进性。

▶ 2005 年 2 月在平罗县先进性教育动员会上的讲话

坚持包含着完善。

▶ 2008 年 1 月在石嘴山市政府对坚持与继承的分析

主调不变，坚持完善，是政党长生的经验。

▶ 2008 年 2 月在石嘴山市学习中共关于完善加强党委集体领导的意见有感

三十一、知识是素质的基础

不懂就没有发言权。

▶ 2000 年冬在山东省决策咨询中心谈知识与智慧之关系

知识之根愈深，人生之荫愈茂。

▶ 1989 年秋在山东省委党校二年制研究生班为莱西县教育系统校长班培训

知识元越密越广，整合力越强。

▶ 1999 年秋在山东大学谈知识要复合

知识可以防灾。

▶ 2000 年冬在山东省决策咨询中心谈知识与智慧之关系

知识是智慧的原料。

▶ 2000 年冬在山东省决策咨询中心谈知识与智慧之关系

无能的前提是无知。

▶ 1999年秋在山东大学谈知识是能力的素质

知识储备不足很容易输在事业的起跑线上。

▶ 2012年2月在意大利有感

无知者有时在快乐中被骗。

▶ 2006年冬在平罗县委与干部谈话

经史养心、困苦励志。

▶ 2001年8月在山东省委党校中青班谈修养

有先进的见识，才有先进的思想。

▶ 2010年8月在石嘴山市干部大会上的讲话

经常看先进，才能防止被落后同化。

▶ 2010年8月在石嘴山市干部大会上谈解放思想要有标杆

专一的发展是最快的积累。

▶ 2003年8月在广饶县委谈企业专业化

尊重专业化就是尊重科学。

▶ 2012年1月在石嘴山市政府对“三十六行，行行有学问”的感悟

专业知识是做事的潜水衣。

▶ 2001 年 1 月在山东省委党校谈专业的功能

专业知识不足，细化工作受阻

▶ 2001 年 1 月在山东省委党校谈专业的功能

人一要吃饭，二要吃知识。

▶ 2010 年 10 月在石嘴山市政府谈知识是事业的能源

学生时期是人生的春天，一要有好食堂，二要有好学堂。

▶ 2010 年 10 月在石嘴山市政府谈知识是事业的能源

学校是开发人的第一工厂。

▶ 2007 年秋在新加坡对教育与社会之关系的思考

人生的资本一是身体，二是知识。

▶ 2000 年冬在山东省决策咨询中心谈教育

耕书可以牧志。

▶ 2007 年 8 月在平罗县委谈教育的意义

春播千粒籽才能秋盈九州仓。

▶ 2006 年 9 月在平罗县委为学校作的歌词《书香平罗》

理论清醒者眼界宽。

▶ 2004 年 5 月在石嘴山市政府谈学理论

不盲从、不摇摆需要有扎实的理论功底。

▶ 2000 年冬在山东省决策咨询中心谈知识与智慧之关系

信息量是专家专的基础。

▶ 1996 年夏在山东省委办公厅为企业培训

专业信息量积累到一定程度就是专家。

▶ 2005 年 5 月在平罗县委谈专家

研究的层面越微观，服务的领域越受限。

▶ 2000 年春在山东大学读西方哲学史感孟德斯鸠

任何事业都离不开文、史、哲的营养。

▶ 2002 年秋在山东省委政研室为山东农业大学干部培训

做大事业要有哲学和艺术思维。

▶ 2006 年 12 月在平罗县委对自治区党委、政府重大决策的思考

哲学和历史可以拉长人的思维跨度。

▶ 2006 年 12 月在平罗县委对自治区党委、政府重大决策的思考

哲学是一切学科和事业的灵魂。

▶ 2006年12月在平罗县委对自治区党委、政府重大决策的思考

不模仿、不僵化是哲学的灵魂。

▶ 2006年12月在平罗县委对自治区党委、政府重大决策的思考

哲学和艺术思维有助于创造。

▶ 2006年12月在平罗县委对自治区党委、政府重大决策的思考

哲、艺、文、史是事业的营养。

▶ 1985年春在山东师范大学中文系有感

知识要以专业为干，以文、史、哲、艺为根。

▶ 1989年秋在山东省委党校二年制研究生班为莱西县教育系统校长班培训

哲助思，文言志，史增智。

▶ 1989年秋在山东省委党校二年制研究生班为莱西县教育系统校长班培训

古汉语是汲取中华古典智慧的语种。

▶ 2002年秋在山东省委政研室谈古汉语对人类智慧的意义

多一种语言，多一份生存空间。

▶ 2002年秋在山东省委政研室谈古汉语对人类智慧的意义

心理学是渗透领域最广泛的科学。

▶ 1989 年秋在山东省委党校二年制研究生班为莱西县教育系统校长班培训

学习历史可以增长人的相对阅历。

▶ 1996 年秋在山东大学读博感想

读书的感受与阅历成正比。

▶ 2001 年 3 月在山东省委党校中青班谈知识与阅历的关系

思想深度预示着事业前途。

▶ 2000 年冬在山东省决策咨询中心谈知识与智慧之关系

思想见解与潜能成正比。

▶ 1988 年秋在山东省委党校二年制研究生班对领导科学的思考

兴趣广泛的人必然是聪明的人。

▶ 2000 年春在山东大学读西方哲学史感孟德斯鸠

博学思路宽。

▶ 2004 年 4 月在石嘴山市政府谈知识的力量

知识育志，困难励志，能力成志。

▶ 1997 年冬在山东大学为济南市地税系统干部培训

知识广博,思路开阔。

▶ 1985 年春在山东师范大学中文系有感

记忆取决于理解深度、刺激力度、重复密度、未来期度。

▶ 1999 年秋在山东大学谈广告与记忆

知识不等于智慧。

▶ 2007 年 11 月在美国对哲学年龄的思考

再旺的炉火也需续柴。

▶ 1998 年秋在山东大学对学习的思考

培训是永久的福利。

▶ 2000 年秋在山东省委政研室为企业培训

培训一要提升心态,二要提高技能。

▶ 2000 年秋在山东省委政研室为企业培训

高明者在于集百家之大成。

▶ 2000 年春在山东大学学习人类思想史

操作与亲历有助记忆。

▶ 2007 年 10 月在石嘴山市政府谈操作性学习的意义

知识、信息量与脑发达成正比

▶ 1998 年秋在山东大学对学习的思考

热爱它必须了解它。

▶ 2006 年秋在平罗县委对新岗位的思考

三十二、经历和见识是硬素质

参与长见识。

▶ 2008年5月在石嘴山市政府谈付出与获得的关系

多一份经历则多一份能力。

▶ 1983年5月在山东师范大学谈经验、经历与能力

多一份能力则多一份生存空间。

▶ 2000年冬在山东省决策咨询中心谈能力是生存的支点

多一份能量则多一份自由。

▶ 2003年秋在广饶县委对人的成长的思考

能力是冲破人身依附关系的基本条件。

▶ 1997年秋在山东省委政研室谈人要自立

经历可以使人扩胸。

▶ 2007年秋在石嘴山市政府对自身的感悟

经验是智慧的北斗，教训是智慧的坐标。

▶ 1984年春在山东师范大学谈阅历对人的意义

经验与教训都是金。

▶ 2011年2月在石嘴山市政府所作的歌词

人的能量、气质与接受的信息量成正比。

▶ 1996年12月在山东大学谈信息量与人的素质、气质的关系

经多识广适应力强。

▶ 2010年6月在石嘴山市政府谈阅历

远行修心，行万里路修万里心。

▶ 2005年秋在平罗县委对游历与性格关系的思考

没有永久的阵地战。

▶ 2007年8月在吴忠市政府谈与时俱进的意义

社会是复杂的，游击战制胜的概率更大。

▶ 2007年8月在吴忠市政府谈与时俱进的意义

远走才有机会高飞。

▶ 2005 年 7 月在平罗县委对人才现象的思考

成与败个人素质是内核。

▶ 1997 年冬在山东大学认为人的素质类似种子

成功者的职业一般都与其优势阅历相关。

▶ 2005 年 4 月在平罗县委谈阅历与事业有成

主动历练幸福,挫折历练痛苦。

▶ 1999 年秋在山东大学谈历练

体育和军训是一种自主自控的历练。

▶ 1999 年秋在山东大学谈历练

挫折和困难既是发展的机遇,又是一败涂地的拐点。

▶ 2004 年 5 月在石嘴山市政府对人生的思考

阅历酿造智慧。

▶ 2003 年夏在广饶县委谈尊重阅历

知天命的年龄是哲学年龄。

▶ 2007 年春对人生年龄段的分析

气质和胆识首先来自见识。

▶ 1996 年 12 月在山东大学与真情集团交流

不安于落后的人大都是有先进见识的人。

▶ 2007 年 12 月在石嘴山市政府谈解放思想的方法

人落后的原因是见识不广。

▶ 2003 年 10 月在广饶县委谈走出去长见识

时代的弄潮儿都是能人。

▶ 1997 年秋在山东省委政研室谈历史现象

做事偷懒,能力退化。

▶ 1983 年 5 月在山东师范大学谈经验、经历与能力

三十三、政治、经济、人生，都要用优质增量优化存量

在加法中前进是发展的规律。

▶ 2010 年 10 月在国家行政学院谈加法符合人性

人生的或然性多于必然性。

▶ 2010 年 4 月在石嘴山市政府谈人生现象

人在比较中安慰，在比较中奋进，在比较中借鉴。

▶ 2010 年 5 月在石嘴山市政府认为“比较”是很好的坐标

佛教用轮回观察平衡。

▶ 1996 年冬在山东大学谈人生价值

缺陷是另一种成功的条件。

▶ 2003 年春在广饶县委论平民或残疾人的优势

每一个器官都可以支持你生存下去。

▶ 2010 年 6 月在石嘴山市政府对身残志不残者有感

心力不衰，地青天蓝。

▶ 2004 年 5 月在石嘴山市与老领导通信

不甘心就是动力。

▶ 2006 年冬在平罗县委对人生现象的分析

不安份者必然另有志。

▶ 2006 年冬在平罗县委对人生现象的分析

天有四时，人有四运，不同的时运做不同的事，但不能不做事。

▶ 2012 年在石嘴山市政府谈今天决定明天

拐点对人生影响极大。

▶ 1993 年冬在山东师范大学中文系谈人生

周易中的数就是量。

▶ 2008 年 3 月在石嘴山市政府论命运是唯物的

命是素质，运是机遇。

▶ 2008 年 3 月在石嘴山市政府论命运是唯物的

时运不到就是量的积累不足。

▶ 2008年3月在石嘴山市政府认为命运是唯物的

人生的价值轨迹是生活转折点的连线。

▶ 1987年春在山东师范大学中文系就学有感

人生要思往、思今、思来。

▶ 1999年秋在山东大学谈为人处世

人生一要承担过去，二要创造未来。

▶ 2010年8月在石嘴山市政府观看《唐山大地震》影片有感

个人在自然和组织面前是渺小的。

▶ 2007年10月在石嘴山市政府对人事现象的观察

破罐子破摔，越摔越破。

▶ 2007年10月在石嘴山市政府对人事现象的观察

姜太公七十得志，八十主政，百二十九寿终。

▶ 2000年秋在山东省决策咨询中心参观姜太公庙对人生的感悟

上司是流水的兵不可能影响你一生。

▶ 2004年1月在广饶县委谈要磨炼心理韧性

势力不对等，永远不平等。

▶ 2008 年 9 月在中央党校中青班听民航局长李家祥报告有感

同类事物永远是大的左右小的，强的左右弱的。

▶ 2011 年 9 月在石嘴山市政府对事物现象的分析

多责己，早成功。

▶ 1996 年 6 月在山东省决策咨询中心谈修养

不苛求环境的事物生命力强。

▶ 1999 年秋在山东大学谈环境与事物

苛求环境的往往是高雅的，高雅的往往是脆弱的。

▶ 1999 年秋在山东大学谈环境与事物

小人红火一时后越来越臭，君子艰难一时后越来越香。

▶ 2010 年 8 月在石嘴山市政府对做人的判断

社会角色与发挥潜能成正比。

▶ 2000 年秋在山东省委政研室谈角色与潜能的关系

反其道而行之是做大事之道。

▶ 2010 年 4 月在石嘴山市政府谈选冷门容易成功

冷事要热做，热事要冷做。

▶ 2010 年 4 月在石嘴山市政府谈选冷门容易成功

间接就是战略。

▶ 1996 年秋在山东大学谈人生战略

有悔则吉

▶ 2007 年 8 月在吴忠市政府谈失误不可怕

把挫折和教训变成东山再起能量就不是失败。

▶ 2008 年 11 月在井冈山谈乐观进取

不同的角色和时段应有相应的心态和言行。

▶ 2007 年 8 月在吴忠市政府谈心身要随时归位

心态因时因势回归，工作生活心身不累。

▶ 2003 年秋在广饶县委对角色变化的思考

时空变迁可以改变心境。

▶ 2010 年 4 月在石嘴山市政府与干部谈心

人生既要看过去，更要看未来。

▶ 2010 年 6 月在石嘴山市政府谈人生要用增量调存量

对事业而言，今天再晚也是早，明天再早也是晚。

▶ 2010 年 2 月在银川听首长讲话时的联想

欲扬先抑必有奇迹。

▶ 2009 年 3 月在石嘴山市政府谈修养

对好事想象得更好，对坏事想象得更坏是人的弱点。

▶ 2007 年 8 月在吴忠市政府对人的心理惯性的思考

对顺向思维打点折扣，有助于未来更好地面对现实。

▶ 2007 年 8 月在吴忠市政府对人的心理惯性的思考

生命事业都会变，原因藏在几年前。

▶ 2007 年 10 月在石嘴山市作的歌词《问自己》

人生难免多场戏，主角是自己。

▶ 2007 年 10 月在石嘴山市作的歌词《问自己》

今天苦明天乐，古今都是这条辙。

▶ 2007 年 11 月在石嘴山市作的歌词《辛苦传薪火》

小利可致终生悲。

▶ 2007 年 11 月在美国作的歌词

只图眼前老了贱。

▶ 2007年11月在美国作的歌词

舍得眼前利，就能图得远。

▶ 2007年11月在美国作的歌词

三十四、大胆不妄为，必有大作为

有性格的人创造奇迹或改变历史。

▶ 2000年春在山东大学感悟人生现象

情商是一种向上的精神力。

▶ 2008年10月在中央党校中青班谈情商

情商决定着帅才的能量。

▶ 2005年春在平罗县委谈情商与智商的关系

情商越高事业越大。

▶ 1998年5月在山东省委政研室谈情商

情商是元帅，智商是将军。

▶ 2004年5月在石嘴山市政府谈情商之地位

情商是生产关系，智商是生产力。

▶ 1987 年春在莱西县委组织部对领导科学的思考

软功胜于硬功的人多是名高功少。

▶ 1999 年秋在山东大学读史有感

在阶级社会中圣人很少是政治家。

▶ 1998 年秋在山东省委政研室谈孔子、孟子现象

机遇是靠胆量赢得的。

▶ 2008 年 10 月在中央党校中青班谈情商

政治家、军事家、企业家都是情商统领智商。

▶ 2005 年春在平罗县委谈企业家

人的经历第一次越多，其意义或影响力越大。

▶ 2006 年秋在平罗县委干部会上谈勇在创新

要做被骂的人，不做骂人的人。

▶ 2004 年 10 月在石嘴山市政府读史有感

执政代替不了所有人的利益。

▶ 2004 年 10 月在石嘴山市政府读史有感

君不改造臣，臣必改造君。

▶ 1990 年 2 月在莱西县城关镇政府谈领导作风

工作要善惹善救。

▶ 2006 年 2 月在平罗县委对领导行为的思考

解决矛盾只能在过程中平衡。

▶ 2006 年 2 月在平罗县委对领导行为的思考

敢于冲锋就是道德，拿下碉堡就是能力。

▶ 2006 年 2 月在平罗县委对领导行为的思考

软弱是主帅的政治缺陷。

▶ 2006 年 2 月在平罗县委对领导行为的思考

勇于牺牲自身利益的人，才能推动社会发展。

▶ 2004 年 5 月在石嘴山市政府谈工作敢抓敢管

压不住少数就对不起多数。

▶ 2006 年 5 月在平罗县委对执政权威的思考

毅力是素质的最高境界。

▶ 1996 年春在山东大学谈情商

毅力就是坚持。

▶ 2000 年冬在山东省决策咨询中心对人生现象的分析

志向支配情绪。

▶ 2005 年 2 月在平罗县委谈自我调节情绪

勇敢是成功的第一门槛。

▶ 1998 年秋在山东省委政研室谈成功有众多门槛

看准了人，看准了事，决一战，才能干成难事大事。

▶ 2010 年 9 月在石嘴山市政府引进青年汽车项目有感

勇敢释放智慧。

▶ 1998 年秋在山东省委政研室谈成功有众多门槛

英勇是有智慧的勇。

▶ 1998 年秋在山东省委政研室谈成功有众多门槛

班门弄斧是一种勇气。

▶ 1998 年秋在山东省委政研室谈成功有众多门槛

潜能都是发挥于特殊时期。

▶ 2009 年 7 月在石嘴山市政府谈潜力

潜能往往释放于破釜沉舟之时。

▶ 2003 年 10 月在广饶县委谈进取

破釜沉舟不等于盲目。

▶ 2003 年 10 月在广饶县委谈进取

机遇都在风险中。

▶ 2005 年 7 月在平罗县委谈机遇与风险孪生

机遇都是朦胧的。

▶ 2007 年秋在吴忠市政府对一个地方发展机遇的思考

机遇都是冷的。

▶ 2007 年秋在吴忠市政府对一个地方发展机遇的思考

事物永远不会完美，两难时必须进。

▶ 2007 年秋在吴忠市政府对一个地方发展机遇的思考

成功只能在挫折和痛苦中不断完善。

▶ 2010 年 3 月在石嘴山市政府谈实践的意义

谨慎怕事不是大智慧。

▶ 2006 年 3 月在平罗县委干部会上的讲话

勇敢的人未必都是能人，但能人必然是勇敢的人。

▶ 1998 年秋在山东省委政研室谈成功有众多门槛

对既得的东西过于留恋会阻碍新作为。

▶ 2006 年秋在平罗县委干部会上谈勇在创新

一失不复的机遇不可犹豫。

▶ 1998 年秋在山东省委政研室谈成功有众多门槛

当十分有把握时就已经失去机遇。

▶ 1987 年 2 月在莱西县孙受乡党委为企业培训

想得太繁琐，行动不利索。

▶ 1987 年 2 月在莱西县孙受乡党委为企业培训

心态简单有利于能量释放。

▶ 2006 年 9 月在平罗县委谈初生牛犊不怕虎

乐观主义、理想主义是强大的行为引力。

▶ 2006 年 6 月在平罗县委谈理想、乐观对人的意义

困难是死的，方法是活的。

▶ 2007 年秋在石嘴山市政府对信访工作的思考

一些经济学教授穷困的原因是只说不练。

▶ 2005年2月在平罗县委谈实践的意义

境界影响目标，目标影响行为。

▶ 1995年春在山东省委办公厅对大学生活的反思

智以胆而行，胆以智为根。

▶ 2005年5月在平罗县干部大会上的讲话

科学加胆量才能合成大能量。

▶ 1997年春在山东大学对情商的思考

有办法，不怕事才能干成事。

▶ 1997年春在山东大学对情商的思考

思路加勇敢，事业才发展。

▶ 2003年3月在广饶县委谈情商与智商要兼具

理论家是参谋长，政治家是司令员。

▶ 2001年春在山东省委党校一年制中青班对政治问题的思考

理论家可以只说不练，政治家必须既说又干。

▶ 2005年4月在平罗县对历史现象的分析

权威只能在真枪实弹中形成。

▶ 1999 年秋在山东大学谈成长要经风雨

理直就要气壮。

▶ 2006 年 3 月在平罗县委干部会上的讲话

过慎约束能力。

▶ 2001 年夏在山东省委党校一年制中青班对行为、气质的思考

情绪与能量成正比。

▶ 1998 年春在山东大学谈心理现象

情感释放潜能。

▶ 1996 年春在山东省委政研室谈人的动力之一

民主释放激情。

▶ 2006 年 9 月在平罗县委谈激情对成功的意义

护短是缺乏远见的表现。

▶ 2005 年冬在平罗县委谈舆论监督

礼仪过度损伤效率。

▶ 1988 年 10 月在山东省委党校二年制研究生班对礼仪与效率的思考

人生永远伴随着矛盾，非 A 即 B，非大即小。

▶ 2000 年春在山东大学感悟人生现象

心里装着大事就没有小事。

▶ 2000 年春在山东大学感悟人生现象

死不怕则天不大。

▶ 1999 年春在山东大学谈情商

心大，业大，命大。

▶ 2004 年秋在石嘴山市政府谈情商、心情的作用

遇到人情难却时，小不忍会乱大谋。

▶ 2007 年秋在石嘴山市政府对托情问题的思考

领导干部要有军人的激情。

▶ 2005 年 6 月在平罗县委谈工作境界

无我之时才能进入最高的境界。

▶ 2004 年春在石嘴山市政府谈境界

雄才大略者包容。

▶ 2003 年秋在广饶县委读《汉武帝》有感

没有刚性就没有弹性。

▶ 1992 年秋在山东省委政研室谈刚的作用

激励与强迫都是驱动力。

▶ 1984 年冬在山东师范大学中文系读《韩非子》有感

大胆不妄为，事业有作为。

▶ 1996 年秋在山东省决策咨询中心为山东电力系统干部班培训

大胆而心细，事业有出息。

▶ 1996 年秋在山东省决策咨询中心为山东电力系统干班部培训

硬释放和软释放都是人生能量释放的机遇。

▶ 1996 年秋在山东大学谈工作平台

信心调动潜能。

▶ 2008 年 2 月在石嘴山市政府谈工作辩证法

人生渡过几道坎，活在世上才闪光。

▶ 2009 年 9 月在石嘴山市政府谈坎坷与人生

三十五、社会已经进入人的品牌时代

经营好自己,才能经营好事业。

▶ 2011 年 6 月在石嘴山市政府谈用好自己可控的因素

良好的形象可以吸纳更多的社会资源。

▶ 1995 年春在山东省委办公厅对企业形象的思考

做人做事都要体现反差美。

▶ 2010 年 4 月在石嘴山市政府认为反差美给人的印象更深

人的品牌可以跨时空整合社会资源。

▶ 2007 年 10 月在石嘴山市政府对历史上成功者的思考

人品和能力是品牌的根。

▶ 2007 年 10 月在石嘴山市对历史上成功者的思考

顾面子轻目的得不偿失。

▶ 2010年2月在石嘴山市政府要防止让面子乱了方阵

内虚者多作势。

▶ 2000年1月在山东省委政研室谈有智者平静

犯错改错固然好，但成本太高。

▶ 2010年3月在银川对批评人不讲方法所感

乐于付出，珍惜时间，是可信的创业路。

▶ 1987年3月在莱西县委组织部为全县校长培训

给别人制造面子，成本低功效大。

▶ 2012年2月在德国对餐馆经理善处事的感想

感情账户的含金量最高

▶ 2009年8月在石嘴山市政府认为交友不可世俗化

行为一旦用货币交换就失去了真情

▶ 2009年8月在石嘴山市政府认为交友不可世俗化

礼仪即为礼而仪。

▶ 1988年10月在山东省委党校二年制研究生班谈礼仪与文明

文明需要形式。

▶ 1988年10月在山东省委党校二年制研究生班谈礼仪与文明

品牌需要众口传播。

▶ 2006年9月在平罗县委有感于平罗县的工作

道德与能力是人生旅程的左右盲杖。

▶ 1999年秋在山东大学谈人生

德行和能力是赢得信任的两大条件。

▶ 2003年冬在广饶县委谈干部素质

形象往往是一百减一等于零。

▶ 2010年5月在石嘴山市政府认为好事做到底

性格要开朗，人际要和谐，业务要精强。

▶ 2003年冬在广饶县委谈干部素质

美誉度越大，活动空间越大。

▶ 2007年11月在石嘴山市赴美学习途中有感

岗位是积累能力的平台。

▶ 1988年春在山东省委党校二年制研究生班为润华世纪集团培训

凡是优秀的员工,其无形资产必然大于有形资产。

▶ 1988年春在山东省委党校二年制研究生班为润华世纪集团培训

工作是积累能力和创造无形资产的机遇。

▶ 1988年春在山东省委党校二年制研究生班为润华世纪集团培训

工作应付,渔鱼皆去。

▶ 1988年春在山东省委党校二年制研究生班为润华世纪集团培训

本事是终身的,财富是一时的。

▶ 1988年春在山东省委党校二年制研究生班为润华世纪集团培训

有匠心的人其业必精。

▶ 1988年春在山东省委党校二年制研究生班为润华世纪集团培训

票与证是事业初期的通行证。

▶ 2006年9月在平罗县委谈学生资本

专心就致志。

▶ 2009年6月在石嘴山市政府认为投入与回报一般成正比

持之以恒就会成器成名。

▶ 2007年10月在石嘴山市对赵本山剧团的思考

良性积累，才能良性转折。

▶ 1996 年秋在山东大学与真情集团交流发言

投机取巧必然浮躁。

▶ 2009 年 5 月在石嘴山市政府批评干部

做事不小气，才能成大器。

▶ 2006 年冬在平罗县委论干部

成事的人不是因为完美。

▶ 2004 年 10 月在石嘴山市政府谈圣贤在在开明并非是细处完美

人生要有一两个亮点。

▶ 2007 年 10 月在石嘴山市政府谈品牌时代

任何职业都有其价值和动力。

▶ 2007 年 9 月在石嘴山市政府谈职业动力

不管东南西北风，有胆有才多英雄。

▶ 1988 年春在莱西县委组织部认为任何时代都有做事业的机遇

敢想又敢干，思路才变现。

▶ 2003 年夏在广饶县委谈事业

职务与权力是成事的杠杆。

▶ 2001年1月在山东省委党校一年制中青班论成事的平台

在名不正言不顺的情况下做成事的人是豪杰。

▶ 2005年冬在平罗县委对历史人物的思考

开明需要德性。

▶ 2006年11月在平罗县委对干部的分析

要做开明加聪明的人。

▶ 2003年2月在广饶县委论用干部

任何角色都有权利和义务,不可择其一。

▶ 2006年8月在平罗县委论苦与乐、身份与责任

施恩图报,功德不高。

▶ 2001年冬在山东省委党校一年制中青班谈道德

小心眼干不了大事业。

▶ 2006年冬在平罗县委与企业家沟通

算小账赚不了大钱。

▶ 2006年冬在平罗县委与企业家沟通

避免误解是高人,化解误解是能人。

▶ 1987 年春在莱西县委组织部自警

人人都有一个积极的我和消极的我在激战。

▶ 2000 年冬在山东省决策咨询中心认为人要战胜颓废,积极升华

以诚应万变,人生更稳健。

▶ 2006 年 2 月在平罗县委讲诚的价值

大事及时反省,素质不断提升。

▶ 2007 年 10 月在石嘴山市对历史上成功者的思考

能力必须由精神激活。

▶ 2007 年 10 月在石嘴山市对历史上成功者的思考

被人服务和服务别人是互动的。

▶ 2008 年 8 月在辽宁沈阳机场有感

多看干了多少事,少算赚了多少钱。

▶ 1999 年秋在山东大学认为事业高在利益

修养需要强制。

▶ 2003 年 3 月在广饶县委谈习惯是大事

性格影响行为,修养影响性格。

▶ 2008 年 12 月在中央党校中青班对性格的思考

习惯是人身上无形的索,越绕越紧。

▶ 2003 年 3 月在广饶县委谈习惯是大事

三十六、朋友影响人生

参照系影响作为。

▶ 1999年秋在山东大学谈做人做事要防止鼠目寸光和夜郎自大

距离影响感情。

▶ 1987年9月在山东省委党校二年制研究生班对人的感情产生与淡化的思考

交往的频率影响友谊。

▶ 1987年9月在山东省委党校二年制研究生班对人的感情产生与淡化的思考

不打不成交，取决事后如何交。

▶ 2003年8月在广饶县委谈化被动为主动

交往是增加感情的必要条件。

▶ 2003年4月在广饶县委谈人际交往

感情在循环中增值。

▶ 2003年4月在广饶县委谈人际交往

友谊在麻烦中产生和加深。

▶ 2003年冬在广饶县委谈交往中的心理障碍

朋友要通过细节增进友谊。

▶ 2006年冬在平罗县委自警

求人的过程是交友识友的过程。

▶ 2007年8月在吴忠市政府谈人要重历史感情

求人的过程就是整合资源的过程。

▶ 2000年冬在山东省委政研室讲人要善于利用整合社会资源

整合资源,事业无限。

▶ 2004年秋在石嘴山市政府讲整合能力与事业的关系

谁整合的资源越多,谁做的事业越大。

▶ 2003年2月在广饶县委讲借力

人群是万能的社会土壤,种瓜得瓜,种豆得豆。

▶ 2003年秋在广饶县委对群众基础的思考

人脉比物质更可持续。

▶ 2010 年 8 月在深圳考察有感

与成功者交流可提升情商。

▶ 2005 年春在平罗县委谈企业家

与故友多交往有益心理健康。

▶ 2007 年 8 月在吴忠市政府谈人要重历史感情

交往、交流是解决信息不对称的基本方法。

▶ 2011 年 2 月在石嘴山市政府谈信息阵地 A 不占领,B 就占领

互补是生物生存的规律。

▶ 1998 年秋在山东大学与临沂真情集团交流发言

每个人都是社会的网结。

▶ 1989 年秋在山东省委党校二年制研究生班对社会现象的思考

尊重他人无本万利。

▶ 2009 年 6 月在石嘴山市政府讲谦虚才能尊重别人

欣赏别人的优点有益于见贤思齐。

▶ 1989 年秋在山东省委党校二年制研究生班对群体意识的思考

自吹者必招擂。

▶ 2003年6月在广饶县委与秘书谈话

艺高气平。

▶ 1996年春在山东省委办公厅讲工作能力的价值

敌可以置换他人的资源。

▶ 1989年秋在山东大学与临沂真情集团交流发言

温和弱化防御。

▶ 1989年秋在山东省委党校二年制研究生班对群体意识的思考

事物之间的关系都是金木水火土相生相克的关系。

▶ 2003年5月在广饶县委对人的生存方式和协作关系的思考

借力者生,孤力者败。

▶ 1989年秋在山东省委党校二年制研究生班为莱西县教育系统校长班培训

外脑是最廉价最珍贵的财富。

▶ 1989年秋在山东省委党校二年制研究生班为莱西县教育系统校长班培训

双边活动关键是沟通。

▶ 1980年春在山东师范大学读心理学

信息是一种能量。

▶ 2006年秋在平罗县委对信息重要性的思考

信息障碍是最大的困惑。

▶ 2002年12月在广饶县委讲信息的意义

盲者为择向而困，哑者为辩心而苦。

▶ 2002年12月在广饶县委讲信息的重要性

五官的功能印证着信息的功能。

▶ 2002年12月在广饶县委讲信息的重要性

与你相关的信息，无论好或坏，对你都是有助的。

▶ 2011年3月在石嘴山市政府谈处事不惊

侦察兵的威力在于侦察信息。

▶ 2011年2月在石嘴山市政府谈信息阵地A不占领，B就占领

最可怕的是信息失衡和失真。

▶ 2010年9月在石嘴山市政府谈如何克服工作阻力

信息是投入最低、产出最高的资源。

▶ 2002年12月在广饶县委讲信息与交流的作用

信息是先知的条件。

▶ 2005年秋在平罗县委讲敢闯敢试

听，是获知、修养的捷径。

▶ 2005年冬在平罗县委自警

处处学问，人人皆师。

▶ 2005年冬在平罗县委自诫

升华要从平淡开始。

▶ 2003年夏在广饶县委自励

气质的灵魂是自然。

▶ 2001年夏在山东省委党校一年制中青班对公共场合言行的思考

过谦损伤气质。

▶ 2001年5月在山东省委党校一年制中青班对气质的分析

小心眼无久友。

▶ 2001年冬在山东省委党校一年制中青班谈道德

良心延续良缘。

▶ 1999年秋在山东大学对处事与做人的思考

图书在版编目(CIP)数据

一句话感悟/张作理著．—北京：国家行政学院出版社，2012.4
ISBN 978-7-5150-0305-4

Ⅰ.①一…　Ⅱ.①张…　Ⅲ.①格言—汇编—中国　Ⅳ.①H136.3

中国版本图书馆 CIP 数据核字(2012)第 072057 号

书　　名　**一句话感悟**
作　　者　张作理
责任编辑　阴松生
出版发行　国家行政学院出版社
　　　　　(北京市海淀区长春桥路 6 号　100089)
　　　　　(010)68920640　68929037
　　　　　http://cbs.nsa.gov.cn
编 辑 部　(010)68928873
经　　销　新华书店
印　　刷　北京盛世双龙印刷有限公司
版　　次　2012 年 5 月北京第 1 版
印　　次　2012 年 5 月北京第 1 次印刷
开　　本　787×1092　16 开
印　　张　21.5
字　　数　250 千字
书　　号　ISBN 978-7-5150-0305-4/H・017
定　　价　48.00 元
